L'enfant atypique

Hyperactif, haut potentiel, Dys, Asperger…
faire de sa différence une force

À Elijah, mon atypique de compétition grâce à qui tout est arrivé.

Groupe Eyrolles
61, boulevard Saint-Germain
75240 Paris Cedex 05
www.editions-eyrolles.com

Avec la collaboration d'Anne Bazaugour

Illustrations originales Leslie Plée : Couverture et personnage du père dubitatif
Illustrations originales de Flora Czternasty [Pomkipik.com]

Mise en pages et maquette : Flora Czternasty [Pomkipik.com]

ISBN : 978-2-212-56916-2

Alexandra Reynaud

L'enfant atypique

Hyperactif, haut potentiel, Dys, Asperger… faire de sa différence une force

EYROLLES

Sommaire

4. Les relations des enfants atypiques

5. Être atypique et le rester, tout en vivant heureux

Introduction

Chaque enfant est unique, chacun a bien évidemment sa personnalité, son histoire et ses spécificités. Il est cependant des enfants qui ne sont objectivement pas comme les autres. Ils sont nés ainsi, ils n'ont pas demandé à être différents ni à présenter ce profil particulier. Leurs familles n'en portent pas non plus la responsabilité et elles sont la plupart du temps soucieuses de les aider.

Le comportement, les réactions, le fonctionnement de ces enfants exceptionnels déroutent et interrogent leur entourage. Cet atypisme peut également les faire souffrir s'il n'est pas compris, accepté et convenablement accompagné durant l'enfance et l'adolescence.

L'objectif de ce livre est d'éclairer les parents ayant un ou des enfants hors norme, et de les guider dans une approche résolument bienveillante en répondant à leurs questions. Je vous propose un dialogue d'égal à égal, entre parents, et une dynamique tournée vers une éducation positive, dans le respect de l'enfant en tant qu'individu singulier.

Oublions les querelles de mots, abandonnons le jargon psy, laissons de côté les critères diagnostiques froids et aseptisés. Détachons-nous l'espace d'un instant des petites cases et des étiquettes réductrices pour redonner à l'humain toute sa dimension.

Dans ces pages, il ne sera pas question de prises en charge, de thérapies ou de bilans, pas plus que de culpabilisation ou de moralisation du *caregiver*[1].

Nous allons nous concentrer sur l'essentiel, en apportant une considération holistique de l'enfant, une attention globale qui ne se heurte à aucune définition fermée.

Nous nous laisserons guider par une aspiration : transformer ce qui peut s'apparenter à des défauts en qualités, y voir des singularités positives.

Ayez confiance en votre pouvoir d'écoute et d'accompagnement.

« Le mot progrès n'aura aucun sens tant qu'il y aura des enfants malheureux. » (Albert Einstein)

1 Celui ou celle qui va prendre soin de l'enfant et lui permettre de grandir, en confiance.

Dans la lune

Geek

Bizarre

1
La normalité, c'est surfait

Précoce

Hyperactif

Électron libre

Dys

Aspie

Zèbre

Original

TANT DE MANIÈRES D'ÊTRE ATYPIQUE

On a beau être tous singuliers, il existe une définition du *normal*. Ce terme désigne ce qui se voit, ce qui se fait dans la majorité des cas. La plupart des enfants sont normaux : leur développement correspond à ce que l'on peut trouver dans les ouvrages pédiatriques, en termes de croissance ou d'acquisitions. En parallèle, certains enfants s'éloignent de ces moyennes, dans un ou plusieurs domaines. On les taxe d'intellos, d'asociaux, de **geeks**, d'anormaux, de **zèbres**, de **bizarres**, d'**électrons libres**, d'hypersensibles, de fous. On les dit rêveurs, **dans la lune**, inattentifs, câblés différemment, **originaux**, secoués, artistes ou bien réfractaires à l'autorité. Cependant tous ont un point commun : ce sont eux les atypiques[2] !

DES ENFANTS DIFFÉRENTS

Il y a mille manières d'être atypique ! Chaque individu est unique et ne ressemblera jamais à aucun autre. Il est donc vain de chercher à comparer les enfants entre eux, chacun ayant naturellement des forces et des faiblesses. Chacun manifeste sa propre façon de grandir, chacun fait état de besoins spécifiques, chacun connaît un rythme d'évolution sans pareil.

Pourtant on le ressent instinctivement lorsqu'un enfant sort de la norme. Il étonne, il surprend, il exaspère ou il met mal à l'aise, car on ne sait pas quelle attitude adopter face à lui. Une chose est certaine : il ne laisse jamais personne indifférent.

2 « Atypique » par opposition aux « neurotypiques » terme crée à l'origine par des autistes pour désigner la population de personnes non-autistes, il a été récupéré par d'autres communautés. Il renvoie aujourd'hui plus généreusement aux personnes ne présentant aucune des particularités qui définissent les atypiques (pas de TDA/H, pas de Dys, pas de haut potentiel ni d'autisme).

Identifiés, diagnostiqués… ou non estampillés

Ces enfants sont quelquefois étiquetés intellectuellement **précoces**, **hyperactifs**, autistes dits de haut niveau ou **aspies**, présentant des troubles des apprentissages (les célèbres **Dys**) ou un peu de tout ça à la fois. Certains ne sont tout bonnement pas labellisés : il est des parents qui refusent que leur enfant subisse des séances chez le psy et des batteries de tests. Dans d'autres cas, les familles sont financièrement limitées. Ou encore, il s'agit d'enfants qui se retrouvent dans certains comportements sans en cocher toutes les cases. Le chemin vers certains diagnostics peut s'avérer tortueux, et dans les faits s'étaler sur des années avant que toutes les réponses espérées ne tombent.

Petit lexique

Le TDA/H (pour trouble déficitaire de l'attention, avec ou sans hyperactivité). Il est souvent confusément réduit à la notion d'hyperactivité, alors qu'il recouvre des symptômes bien plus étendus en termes d'inattention, d'impulsivité et/ou d'hyperactivité.

Le surdouement (aussi appelé précocité intellectuelle, haut potentiel ou encore douance). Il témoigne d'un fonctionnement cognitif performant.

Les Dys regroupent les troubles des apprentissages qui se déclinent sous six formes :

- **Dyslexie**, trouble du langage écrit touchant les activités de lecture, mais aussi de l'acquisition du langage écrit ;
- **Dysorthographie**, trouble de l'acquisition du langage écrit qui se manifeste par une altération de la production d'écrits et de grandes difficultés en termes d'apprentissage de l'orthographe ;
- **Dysgraphie**, trouble de l'écriture qui se traduit par des lettres mal formées et des espaces non respectés, ainsi que par de grandes difficultés dans l'acquisition de la syntaxe des phrases ;
- **Dysphasie**, trouble du développement du langage oral pouvant toucher les aspects réceptifs et/ou expressifs ;

- **Dyspraxie** (aussi appelée TAC, pour trouble de l'acquisition de la coordination), trouble du développement moteur et/ou des fonctions visuo-spatiales se manifestant par une grande maladresse dans toutes les activités, y compris les plus banales;
- **Dyscalculie**, trouble des activités numériques qui se manifeste par de grandes difficultés dans tout ce qui a trait à la manipulation des chiffres et des nombres.

L'autisme Asperger (aussi appelé Asperger, ou syndrome d'Asperger) est une forme autistique qui s'accompagne toujours d'une double condition:

- aucun retard de parole: les aspies se construisent véritablement avec la parole, qu'ils maîtrisent particulièrement bien;
- aucun retard mental: jamais un autiste Asperger ne présente de déficience intellectuelle. Son quotient intellectuel (le QI) peut aller de la norme basse (70), au maximum du très haut potentiel (160).

BON À SAVOIR

QUELQUES CHIFFRES

On parle de prévalences d'environ 10 % des enfants entrant dans les critères diagnostiques de la dyslexie, de 7 % pour le TDA/H, de 5 % pour la dyspraxie, de 2 % pour le surdouement et de 1 % pour l'ensemble des TSA. Avec des profils aux frontières poreuses et aux multiples facettes, ces spécificités peuvent se cumuler les unes aux autres.

> Un enfant n'est jamais un code-barres.

Toujours est-il que ces enfants ne sont pas dans les clous. Ils ont tous une manière d'être au monde radicalement décalée, et souffrent lorsqu'on tente de les normaliser. Cela arrive classiquement à l'école, le système français étant adapté au plus grand nombre et peu ouvert à ceux qui s'en éloignent un peu trop.

La vie de ces enfants câblés différemment peut devenir un vrai cauchemar. Quel drame de gâcher ainsi les merveilles qu'ils ont à offrir, en les reléguant au rang d'inadaptés!

QUIZ

MON ENFANT EST-IL ATYPIQUE ?

Sans être nécessairement identifié surdoué, TDA/H, quelque part sur le spectre de l'autisme ou avec Dys, votre enfant vous semble différent. Voici un questionnaire d'identification comptant 25 items simples auxquels vous répondrez par cette cotation, selon le degré de cohérence avec ce que vous percevez :

Absolument pas	Pas vraiment	Plutôt d'accord	C'est tout à fait ça
1	2	3	4

1	8	15	22
2	9	16	23
3	10	17	24
4	11	18	25
5	12	19	
6	13	20	
7	14	21	

RÉSULTATS

1. Dès qu'il a commencé à parler, mon enfant l'a fait avec une syntaxe impeccable et un vocabulaire très riche, sans passer par le « parler bébé ».

2. Il a une sensibilité à fleur de peau. Très émotif, il est au bord des larmes à la moindre émotion, la vivant frontalement, sans filtre.

3. Il s'interroge depuis qu'il a 3 ou 4 ans sur le sens de la vie, l'univers, la mort et autres questions existentielles.

4. Il est en perpétuelle ébullition intellectuelle, il a besoin de comprendre le pourquoi des choses et va toujours plus loin dans ses questionnements.

5. Il aime rester avec les adultes et prend part à toutes les conversations, même lorsqu'il n'y est pas convié.

6. Il a des passions, des centres d'intérêts peu conventionnels pour son âge, qui sont très poussés (voire obsessionnels), jusqu'à en être un spécialiste.

7. Il est maladroit dans sa gestuelle, fait tomber les choses, renverse les verres et se cogne dans les meubles, n'arrive pas à faire ses lacets.

8. Il a appris à lire seul ou presque, avant l'entrée au CP, et adore les livres.

9. Il a depuis tout petit un sens de l'humour particulier, que ses pairs ne comprennent pas. Il est sensible à l'humour noir, aux jeux de mots, à l'ironie.

10. Il ne tolère pas certaines matières qui piquent ou qui grattent, il fait la chasse aux étiquettes et aux coutures. Il a une ouïe de chauve-souris, mais il peut aussi être hypersensible ou *a contrario* hyposensible aux stimuli sensoriels tels que la lumière vive, les odeurs, les goûts, le toucher.

11. Il s'est rapidement ennuyé à l'école, alors qu'il était enthousiaste à l'idée d'y entrer au départ (peu importe de quelle manière s'exprime cet ennui). Il peut aussi être incapable de faire un choix, y compris pour son orientation.

12. Il est extrêmement sensible à l'injustice, même dans les situations qui ne le touchent pas directement, et ne peut pas laisser faire en silence.

13. Il va plus volontiers vers UN ami que des amis. Il est peu à son aise au milieu d'un groupe ou d'un trio.

14. Il aime tout ce qui touche aux savoirs, comme les encyclopédies, les tutoriels mais est plutôt du genre autodidacte et préfère travailler seul, apprendre par lui-même.

15. Il a tendance à se réfugier et s'enfermer durant des heures dans des jeux vidéo, des univers fantastiques et virtuels.

16. Il peine à écrire proprement et à un rythme soutenu, ses cahiers sont mal tenus.

17. Il éprouve beaucoup de mal à s'endormir et se plaint d'avoir une machine à penser dans la tête qui ne s'arrête jamais.

18. Il ne possède pas les codes sociaux dont on a besoin pour vivre en communauté, il faut lui expliquer les situations sociales une par une pour qu'il sache y faire face.

19. Il est ultra perfectionniste et peut aller jusqu'à refuser de faire quelque chose s'il ne croit pas être en mesure de réussir ou s'il ne se sent pas à la hauteur.

20. Il remue continuellement, ne tient pas en place, n'arrive pas à se taire lorsqu'on le lui demande, que ce soit en famille ou à l'école.

21. Il peut sembler arrogant ou malpoli dans ses remarques, dans son attitude, en soulignant par exemple les erreurs commises par les autres, y compris les enseignants.

22. Il nourrit une anxiété, une inquiétude, un sentiment d'insécurité découlant de ses questionnements métaphysiques.

23. Il est étonnamment performant sans effort dans certaines sphères (généralement complexes), et tout aussi étonnamment mauvais dans d'autres (pourtant plus basiques).

24. Il somatise, en particulier les matins où il a cours (maux de ventre intenses, nausées, eczéma uniquement en période scolaire).

25. Il se sent profondément différent, sans pouvoir l'expliquer. Il a le sentiment d'être un extraterrestre perdu sur Terre, allant parfois jusqu'à se penser fou.

RÉSULTATS

Entre 25 et 50 points, votre enfant semble avoir un profil tout à fait dans la norme.

Au delà de 50 points, il présente un ensemble de signes qui laissent penser qu'il fait bien partie de la population des atypiques.

Entre 75 et 100 points, wow, il crève le plafond ! Vous tenez un atypique de compétition.

LA NORME EST UNE CONSTRUCTION

On utilise tous dans le langage courant le concept de normalité. « Suis-je normal ? », « Est-ce anormal de ressentir cela ? ». Ce type de questionnements tenaille nos esprits.

LA NORME ? QUELLE NORME ?

Tout d'abord, il n'y a pas lieu de culpabiliser à propos d'un besoin humain naturel : se situer par comparaison, en se référant à un point d'ancrage solidement attaché.

Mais il ne faut surtout pas perdre de vue que ce qui compose notre norme, notre point de référence, à nous, n'est qu'une série d'informations relatives et partielles. L'erreur habituellement commise consiste à considérer cette norme comme absolue, alors qu'elle fluctue selon notre parti pris, notre histoire, notre parcours, notre éducation, notre milieu ou encore notre époque. La norme n'est jamais consensuelle, elle est fonction d'une attente.

Ce que l'on désigne comme *la norme* n'a en réalité aucune existence en soi : elle est une construction humaine. Je propose de la diviser en trois versants.

Une construction statistique

Elle est hors de portée de tout jugement de valeur et d'idées reçues, elle n'est qu'un simple constat. Objectivement définie par rapport à une fréquence de représentation, cette approche ne s'attarde que sur la valeur moyenne dans une population donnée. Ce qui va être considéré comme normal (au sens premier du terme, à savoir *dans la norme*) se retrouvera tout simplement chez une très grande majorité des sujets observés (soit à peu près 95 %). Tout ce qui va s'éloigner de manière significative de ce plus grand nombre[3], au-dessus ou en dessous, sera en dehors de la norme au sens statistique. C'est à partir de ces données que l'on arrive à généraliser et à objectiver pour définir ce qui est le plus fréquent et à l'inverse, le plus rare.

Une construction collective et sociale

On trouve dans cette dimension nettement plus de subjectivité, puisqu'il est question ici du regard porté par un ensemble (cela peut être par exemple une communauté, un quartier, une institution, un établissement scolaire, un média, etc.) sur un individu en particulier. Ce qui entrera dans la norme, telle que définie par cet ensemble, sera purement arbitraire et fonction de critères plus ou moins justes.

Il s'agit de critères retenus par la majorité numérique, celle ayant le pouvoir déterminant de décider si les sujets sur lesquels elle se penche appartiennent ou non à cette norme. Les paramètres sociétaux, religieux, historiques, culturels évoluent constamment et viennent façonner cette idée de conformité à la norme.

3 En règle générale, on considère que deux écarts-types constituent une différence significative par rapport à la moyenne.

Une construction familiale

Tout en arborant une trame aussi arbitraire que la norme sociale, elle ne doit pas être confondue avec cette dernière. Il y a dans cette dimension familiale une part idéologique très importante qui implique celui qui est estimé, mais aussi ses proches par ricochet, qui seront tenus comme responsables du résultat. Elle est à la fois fonction de valeurs – propres à la famille – et d'ambitions nourries pour les enfants qu'elle voit naître en son sein. Elle se définit par ce qu'il faut faire (ou pas), penser ou laisser transparaître dans une situation donnée, en prenant en compte une notion de respectabilité vis-à-vis des personnes extérieures à la cellule familiale.

Ces trois types de normes s'entrelacent inévitablement et s'appuient l'une sur l'autre au quotidien, lorsque nous évaluons une personne ou une situation par rapport à un ensemble de valeurs repères. Le normal nous aide à désigner un état habituel ou une situation aussi régulière que banale. Cet état, en fin de compte, n'a rien d'extraordinaire parce qu'il nous apparaît être connu et vécu de tous. Tout ce que n'est pas l'atypisme !

Sans verser dans l'anormalité, qui laisse planer l'ombre du pathologique (pour ne pas dire du dangereux), les atypiques n'ont clairement pas leur place dans ce qui borne la norme, et empruntent des sentiers plus confidentiels. Pourtant ils existent et n'ont pas à être mis au ban de la société.

Le point de vue de...

Iris, maman de Pierre, 9 ans

Un soir, la maîtresse de Pierre a voulu me rencontrer pour me suggérer de le faire tester par un psychologue. Je ne comprenais pas pourquoi, puisqu'il allait bien. Elle l'avait surpris en train de lire, alors qu'il était encore en maternelle, et cela lui avait indiqué qu'il était probablement surdoué. Mais moi, ça me semblait normal ! Il avait toujours aimé les livres, et puis, il faut dire que nous en avons beaucoup à la maison. Sans compter que moi aussi j'avais appris à lire avant d'entrer au CP, sans que jamais mes parents trouvent ça bizarre. Il m'a fallu un électrochoc pour comprendre.

EXERCICE

QUEL TYPE DE NORME ?

Identifiez ce qui, selon vous, relève de la norme statistique, de la norme collective ou de la norme familiale parmi les exemples suivants.

A. Un enfant de 2 ans mesurant 80 cm sera qualifié de normal, quand un autre du même âge, mesurant 95 cm, sera anormalement grand.

☐ Statistique ☐ Collective ☐ Familiale

B. Un enfant posant une avalanche de questions sera perçu comme normal et encouragé à persister dans cette curiosité, quand ce même comportement pourra être reçu comme inconvenant ailleurs.

☐ Statistique ☐ Collective ☐ Familiale

C. Une personne présentant un QI de 105 points sera dans la norme. Une autre, avec un QI estimé à 65, sera exclue de cette norme.

☐ Statistique ☐ Collective ☐ Familiale

D. Un enfant scolarisé depuis ses 3 ans sera considéré comme normal, quand un autre n'ayant jamais mis les pieds de sa vie dans une salle de classe sera vu comme marginal.

☐ Statistique ☐ Collective ☐ Familiale

E. De nos jours, un enfant né dans une fratrie de deux est considéré comme une situation ordinaire, contrairement à une fratrie de huit.

☐ Statistique ☐ Collective ☐ Familiale

F. Un adolescent affichant des préférences homosexuelles sera accepté sans sourciller là où, à situation égale, un autre ado sera rejeté.

☐ Statistique ☐ Collective ☐ Familiale

RÉPONSES :

A. statistique ; B. familiale ; C. statistique ; D. collective ; E. collective : F. familiale.

PARENTS D'UN ATYPIQUE

Jamais l'injonction d'être des « parents qui déchirent » n'a été aussi forte. C'est sans doute ce qui rend la parentalité si compliquée de nos jours : il faut trouver un juste équilibre. Arriver à satisfaire ces impératifs, ressemblant à s'y méprendre à des combinaisons improbables, est un tour de force. Il faudrait être présent mais pas trop pour ne pas passer pour un parent-hélicoptère[4], être cool sans risquer de jouer au parent-copain, encourager sans pousser, représenter l'autorité sans castrer, respecter la personnalité de l'enfant sans tout excuser, protéger sans étouffer.

Le tout, bien entendu, en étant épanoui, en vivant un rêve au travail et en ayant une conscience écolo-responsable à toute épreuve.

> « Je suis super crevée. C'est comme être crevée tout court mais avec une cape et un collant rose. »
> (Mathou)

Soyons réalistes et remisons au placard ces oripeaux de supers parents. Il n'est ici surtout pas question d'essayer d'être des parents parfaits, mais de tâcher d'accueillir, d'écouter et de comprendre l'enfant, dans la bienveillance et sans se flageller.

4 Aussi appelé parent-drone : désigne un parent qui plane au-dessus de son enfant pour veiller en toutes circonstances, mais aussi un parent qui vole à son secours dès qu'un problème se présente.

ON A LE DROIT DE SE TROMPER

Tout le monde commet des erreurs, même les parents les mieux intentionnés. Être humain implique d'être faillible. On ne naît pas parent, on le devient; et si éduquer un enfant n'est jamais simple, éduquer un enfant atypique l'est encore moins !

Il arrive que l'on croie bien faire et que cela se révèle *in fine* être contre-productif. Nier ou minimiser la nature atypique d'un enfant fait partie de ces situations où il est malaisé de savoir de quel côté de la route se tenir. On sait que ce qui différencie peut aussi exclure. Tout parent tremble ainsi devant le simple fait d'imaginer son enfant repoussé, écarté. On peut dès lors être sincèrement tenté de croire que l'enfant sera plus heureux s'il est considéré comme un parmi d'autres. Mais cela n'aide pas de faire semblant d'être comme tout le monde, en travestissant ce que l'on est, sans pouvoir être soi. Il ne s'agit que d'une duperie qui ne trompe pas notre ressenti intérieur profond.

Sans automatiquement être dans la négation, bien des parents n'ont pas su identifier les particularités de leur enfant dans ses jeunes années. Ils n'arrivent pas à mettre de mots ou ne le font que tardivement. Dès lors ils ne voient plus que ça, et ont le sentiment d'avoir contribué au malheur de leur tête blonde par ce retard à l'allumage. C'est pourtant humain. Pour preuve, cela concerne même les plus connaisseurs: en septembre 2017, le quotidien *The Guardian* consacrait un article à un père ayant mis plus de trente ans à comprendre que son fils, Will, était autiste Asperger. Ce père était pourtant Tony Attwood, l'un des plus grands spécialistes de cette forme autistique.

Les pré-requis pour identifier une atypie

Pour être capable d'identifier une forme d'atypie, il faut deux éléments conjugués :

- connaître les signes caractéristiques et suffisamment parlants qui peuvent alerter ;
- être capable de prendre le recul indispensable pour déceler ces indices sur son enfant.

Parfois, en dépit de signaux gros comme le nez au milieu de la figure, l'illumination ne vient pas.

La pomme ne tombe jamais loin de l'arbre

Pourquoi certains parents ne disposent-ils pas de la bonne grille de lecture, qui leur aurait permis de rassembler les différents symptômes (ou *a minima*, les plus éclatants) et de comprendre immédiatement ? La raison la plus fréquente est aussi la plus surprenante pour ces parents qui se découvrent sous un nouveau jour : eux-mêmes ne sont pas comme tout le monde. Derrière un enfant hors norme, d'autres membres de la famille présentent souvent les mêmes particularités. À noter que cela peut tout à fait sauter une génération et s'observer de manière transversale.

Les dangers du déni

La négation de l'atypisme d'un enfant, que ce soit par déni, par volonté de le considérer comme normal ou encore par pure méconnaissance, présente un risque accru. Il faut se connaître pour pouvoir avancer dans la vie. C'est pourquoi ignorer ses particularités peut conduire l'enfant à ne pas pouvoir se faire une image juste de lui-même en grandissant. À l'inverse, mieux **comprendre** et **reconnaître** l'atypique qui est dans votre enfant contribuera à le prémunir des dangers qui peuvent planer sur lui, dans un monde qui n'est pas fait à sa mesure.

Le point de vue de…

Estelle, 29 ans

J'ai toujours senti que j'étais différente. Je n'avais pas encore 4 ans et je me voyais déjà à côté des autres, comme séparée par une cloison de verre, incapable de partager leurs intérêts, de comprendre leurs rires. C'était une certitude, un fait établi qui ne faisait aucun doute pour moi. Mes parents, eux, voulaient à tout prix se convaincre que le fossé qui me séparait des autres finirait par se combler, qu'ils me rattraperaient en quelque sorte. Qu'un beau jour je serais devenue une adulte normale et que tout rentrerait dans l'ordre. Si je n'avais pas été bercée par cette fausse croyance, je pense que je me serais épargnée nombre de crises identitaires.

Lorsque l'atypie n'est pas reconnue les conséquences de cette négation peuvent être :

- l'apparition d'épisodes dépressifs, pouvant aller jusqu'à des idées suicidaires ;
- la construction d'un faux-self[5] dont il sera difficile de s'extirper ;
- l'apparition d'une inhibition intellectuelle pour se brider ;
- la manifestation d'une anxiété grandissante, de TOCs, de phobies ;
- des conduites d'addictions (drogue, alcool, jeux vidéo, comportements à risque) ;
- l'apparition d'une phobie scolaire et/ou sociale, compliquant à l'excès le quotidien ;
- un dégoût des apprentissages, avec une sortie prématurée du circuit scolaire.

> « Savoir qui l'on est pour savoir où l'on va. »

5 Une personnalité de façade dont l'individu s'habille pour se noyer dans la masse, c'est-à-dire une construction visant à se conformer à ce qu'il suppose être les attentes de son environnement, qu'il soit familial, amical ou professionnel.

DES PARENTS SOUVENT DÉMUNIS

Dans la société, lorsqu'un enfant adopte un comportement jugé non-conforme, ce sont les parents qui sont pointés du doigt. Ils sont d'emblée suspectés d'être, d'une façon ou d'une autre, à l'origine des excentricités de l'enfant, perçus comme de mauvais parents, tout autant incapables de faire preuve d'autorité que de forcer l'intéressé à rentrer dans le rang.

AVEC UN ENFANT DIFFÉRENT, ON DOIT ÊTRE UN PARENT DIFFÉRENT !

Bien sûr, les parents d'un enfant atypique ne sont pas fautifs, ils n'ont pas choisi d'accueillir un enfant qui pense trop et qui a du mal à fonctionner là où les autres le font sans accroc. Mais il faut bien se dire que ce n'est pas non plus la faute ou la volonté de l'enfant lui-même s'il est hors norme !

Aucun enfant ne fait exprès d'être différent. Aucun ne fait en sorte de ne pas saisir les implicites ou d'être au bord du malaise à cause d'une odeur incommodante ou d'une lumière crue. Aucun ne prend plaisir à être décalé ou à être regardé bizarrement au milieu de ceux qui l'entourent, à être marginalisé ou même à mettre mal à l'aise ses parents.

Certains insinuent que le qualificatif d'atypique n'est qu'un mot fourre-tout, entretenant la vanité de parents dépassés par des enfants tyrans. Pourtant, ce qui va s'appliquer et fonctionner sur un enfant standard ne marchera pas sur un atypique.

La fatigue parentale

Être parent d'un enfant singulier est indubitablement une aventure fantastique, mais c'est aussi une réalité quotidienne épuisante ! Il n'y a jamais de moment de répit avec ce type de bambins. Ils sont en permanence avides d'activités et d'échanges, parlent constamment, ont perpétuellement besoin d'être rassurés, exigent de sans cesse régler des problèmes avec les enseignants et ne permettent pas à leurs parents de reprendre leur souffle.

C'est pourtant un élément que peu osent évoquer lorsqu'ils sont à bout de force, de peur de passer pour de mauvais parents ou d'être taxés d'égoïstes. Le tabou de ce désarroi peut être si grand qu'ils cachent honteusement à tous ces crises de *burn out* et se laissent envahir par des idées peu avouables. Certains songent à fuir et abandonner leur famille, d'autres encore à mettre fin à leurs jours.

La « charge mentale », terme inventé en 1990 par Danièle Kergoat, sociologue et directrice de recherche émérite au CNRS, est un concept qui désigne l'occupation constante de l'esprit qui pèse ordinairement sur les femmes pour faire tourner le foyer. En clair : planifier, anticiper, réguler tout ce qui a trait aux enfants, à la vie commune, au quotidien. Le tout, en plus de leur travail et de leur propre vie. Un tel fonctionnement de la maison et de ses habitants repose quasi exclusivement sur une répartition inégalitaire qui, lorsque l'atypisme de la descendance s'en mêle, peut devenir irrespirable pour ces mères épuisées.

D'un extrême à l'autre

L'antithèse du déni consiste à tout contempler par le prisme d'une atypie, tout ramener à cela. Ce n'est pas la meilleure des solutions pour qu'un enfant grandisse bien. Comme pour toute situation, il faut savoir raison garder, et ne pas tout excuser au prétexte que l'enfant est hors norme. Il reste malgré tout un enfant, et a besoin d'un cadre pour s'épanouir, avec des règles à la fois claires, justes et précises. Ces règles tiennent compte de ses particularités de fonctionnement, c'est-à-dire qu'elles sont adaptées à qui il est, mais ce sont des règles quand même !

RÉFLEXION PERSONNELLE

CONVOQUEZ L'ENFANT QUE VOUS ÉTIEZ

Prenez le temps de vous installer au calme, allongé (e) sur votre lit par exemple, loin des sollicitations extérieures. Sentez la pression de tout votre corps au contact du matelas moelleux, relaxez-vous en respirant calmement et faites le vide autour de vous. Plus rien d'autre n'existe pendant ces quelques minutes. Replongez-vous dans votre enfance par le souvenir le plus marquant que vous ayez, qu'il soit heureux ou non. Vous êtes de retour à cette période où vous étiez vulnérable et fragile, où vous étiez encore en construction.

Posez-vous les questions suivantes, puis, en ayant l'avantage d'avoir grandi depuis et en sachant ce que la vie vous réserverait, répondez en quelques mots synthétiques.

1. Quel enfant étais-je ?

....

....

....

....

....

....

....

....

2. Quels parents ai-je eu ?

....

....

....

3. Qu'auraient-ils pu faire pour que je sois plus heureux(se) ?

....

....

....

4. Qu'est-ce qui, avec le recul, m'a le plus apporté pour grandir ?

....

....

....

5. Si j'étais aujourd'hui le parent de cet enfant d'autrefois, que ferais-je ?

....

....

....

6. Si j'avais su… Quels seraient les conseils ou explications qu'il m'aurait été utile de recevoir pour traverser la période de l'enfance et de l'adolescence avec plus de facilité ?

....

....

....

En dehors des clous

Autodidacte

Contestataire

2 L'enfant atypique à l'école

Stress

« Mais pourquoi ? »

Comprendre

Inventif

Impulsivité

Hyperréactivité émotionnelle

Bavard

NE PAS ALLER AU RYTHME DES AUTRES

Dans de nombreuses familles, l'école concentre toutes les attentes. On le mesure copieusement à cette question posée à tous les enfants, que ce soit lors d'une fête familiale, lors de soins médicaux, à l'occasion d'un échange au hasard d'une rencontre au supermarché : « Alors, est-ce que tu travailles bien ? » La réponse conditionne le regard qui sera posé sur cet enfant, comme censée le définir, surtout pour celles et ceux qui débordent du cadre, qui sont les **exceptions**, les « oui, mais... » de notre système scolaire.

> « Ni freiner ni devancer, il faut respecter pleinement les besoins de chacun sans présumer de leur évolution future. »

À chaque enfant son rythme

Ne pas aller au rythme du plus grand nombre ne veut pas forcément dire aller vite, mais au contraire aller à une allure qui n'est pas contrainte. Ni dans un sens, ni dans un autre ! Nous vivons une époque effrénée où tout est accéléré dans notre quotidien, et dans laquelle les enfants sont pressés de toutes parts. On en vient à tout brusquer, dans l'espoir de vivre intensément ces instants qui nous filent entre les doigts. Et c'est l'affolement général et la dramatisation si les enfants ne franchissent pas, quand cela a été exigé, les étapes censées être à leur portée. Comme tous les enfants n'ont pas la même manière d'aborder les apprentissages, ni les mêmes priorités, certains liront couramment seuls à 4 ans et d'autres ne seront pas réceptifs au déchiffrage avant 8 ans. Cela peut être à cause d'une dyslexie non repérée qui œuvre dans l'ombre, forçant l'enfant à fonctionner constamment en double tâche et à compenser comme il le peut, ou à cause d'un banal manque d'intérêt pour ce qui lui est présenté, pour diverses raisons.

« C'est un peu comme si l'on décrétait que tous les enfants ont la même pointure de pieds ! L'école considère que tous les enfants d'une même classe d'âge ont les mêmes capacités d'évolution ; elle ne respecte pas la diversité. »
(Jean-Charles Terrassier)

Pour une école inclusive

L'école ne peut s'adresser à tous de la même manière, parce qu'aucun enfant ne ressemble à un autre et que dans un monde idéal, chacun devrait être regardé comme un individu singulier. Cela sous-tend l'idée que chaque enfant devrait avoir la possibilité d'avancer selon son calendrier interne et non de dépendre du bon vouloir d'un système normé. Être atypique, c'est en effet être **en dehors des clous** et avoir une évolution pas tout à fait conforme à la masse, parfois plus rapide dans certains domaines, mais aussi (bien) plus lente dans d'autres.

« Un professeur peut changer la vie de quelqu'un. Peu de gens ont ce pouvoir. Il peut être un allumeur de réverbères. Comme il peut être un éteignoir. »
(Stéphane Laporte)

BON À SAVOIR

LA PLASTICITÉ CÉRÉBRALE AU CŒUR DES ACQUISITIONS

La plasticité cérébrale est la capacité de notre cerveau à remodeler et réorganiser continuellement ses connexions synaptiques en fonction de l'environnement dans lequel nous évoluons, et des expériences que nous vivons. Ainsi, chaque fois que nous apprenons, des circuits nerveux sont modifiés dans notre cerveau. Cette refonte passe par la création de nouvelles connexions, mais aussi par le renforcement ou la suppression de certaines d'entre elles, selon leur fréquence d'utilisation. Sorte de tri sélectif qui opère chez tout le monde et à tous âges, elle nous permet de devenir plus performants que la moyenne dans les domaines qui ponctuent notre quotidien.

S'ennuyer… mais pas comme tout le monde

L'ennui est incontestablement ce qui grève le plus la scolarité de l'enfant atypique. Cependant, comme il ne fait jamais rien comme tout le monde, il ne s'agit pas d'un ennui usuel, vécu par absolument tous les élèves à un instant T. On parle ici d'un ennui viscéral, profond, durable, qui s'installe et qui ronge sournoisement l'enfant. Cet ennui insondable prend la forme d'une sensation dévastatrice de vide, d'inaction complète et réitérée, chaque jour.

> « L'équité, c'est que chacun dispose
> de ce qu'il faut pour réussir.
> Pas que tout le monde ait la même chose,
> au même moment ! »

Le rabâchage, principe fondateur de l'apprentissage

L'apprentissage par la répétition est le modèle sur lequel s'appuient nos programmes. Tout au long de la scolarité, on reprend les mêmes points d'année en année, en les enrichissant au fur et à mesure. Cette répétition mécanique fonctionne sur une majorité des élèves, mais pas sur tous…

Chez une bonne part des enfants hors norme, ça ne marche pas, parce qu'ils n'ont pas besoin d'autant de répétitions que les enfants standard. Aidées par une substance blanche cérébrale plus conséquente, les connexions neuronales des personnes dotées d'un haut potentiel intellectuel sont plus étendues et donc le traitement de l'information est bien plus rapide dans leur cerveau.

L'ennui amène souvent à une rupture

L'atypique qui s'ennuie alloue très peu d'attention aux activités trop répétitives pour lui et il s'autostimule en ayant plusieurs idées qui tournent dans sa tête en arrière-plan. Cela donne la plupart du temps des étourderies en pagaille, des fautes fréquentes d'inattention et un niveau d'implication global loin d'être parfait aux yeux des enseignants. Ces derniers ont, de fait, beaucoup de mal à accepter l'idée que l'enfant dise s'ennuyer ! Quand un enfant atypique ne trouve pas de sens à l'école, il n'est absolument plus concerné par ce qui s'y fait. S'il est présent physiquement, le cœur n'y est plus.

Identifier les manifestations de l'ennui

Un enfant qui s'écarte de la norme, s'il sait déjà (ou s'il a le sentiment de savoir… ce qui aura le même impact sur son attitude), sera frustré. Et il va falloir que cela s'exprime d'une façon ou d'une autre, ne pouvant rester bloqué à l'intérieur de cette petite personne, notoirement hypersensible. Cela peut prendre plusieurs formes.

À l'école	**À la maison**
Perte d'attention : l'enfant se perd dans des songes, n'est pas concentré	Tristesse diffuse, changement soudain de comportement
Démotivation : il ne comprend pas l'intérêt de ce qu'il apprend, ayant l'impression de faire du surplace	Somatisations le matin avant de partir en cours, ou le soir en se couchant
Agressivité dirigée envers les autres ou les enseignants	Crises de colère : l'enfant se contient à l'école et explose à la maison
Tics liés aux périodes scolaires : pendant les vacances, ils disparaissent	Grande anxiété ou peurs incontrôlables : phobies, pensée magique[5]

6 Tendance à se croire détenteur du pouvoir d'accomplir des désirs et de provoquer ou d'éviter certains événements, en les imaginant ou en y songeant.

Un ennui à dissocier des performances scolaires

S'il y a une idée reçue à éradiquer à propos de l'ennui des enfants atypiques, c'est bien celle-ci. Combien d'adultes imaginent, à tort, que ce sentiment d'ennui n'est réservé qu'aux (très) bons élèves ? La raison est toute bête : ils font une terrible confusion entre *intelligence* et *connaissances*.

Or, ce sont deux choses bien différentes. Un enfant atypique, possédant une intelligence spéciale, n'est pas obligatoirement un enfant scolaire. Évidemment certains atypiques le sont et travaillent bien (avec ou sans effort, avec ou sans angoisse de perfection...), d'autres ont à l'opposé un tempérament **autodidacte** et n'ont pas la fibre académique. Attention, ils peuvent néanmoins afficher d'honorables résultats ! Les enfants peu ou pas scolaires ne sont pas à coup sûr mauvais élèves, mais ils ne trouvent simplement pas leur place dans ce qui leur est offert. Pour ceux-là, l'école s'avère compliquée. Ils seront aussi massivement concernés par le syndrome de l'imposteur quelques années plus tard. Ce défaut d'estime de soi qui amène l'intéressé à se persuader qu'il est un usurpateur et ne mérite pas ce qu'il a ou ce qu'il vit (situation, réussite, diplômes), et qu'un jour viendra où il sera démasqué.

Les rois de l'illusion

Il est fréquent que les enfants décalés fassent illusion au primaire. Ils y parviennent en s'appuyant instinctivement sur leurs acquis, leurs ressources intérieures. C'est ce que le docteur Maria Montessori, célèbre médecin et pédagogue italien, avait conceptualisé sous le nom **« d'esprit absorbant ».** Le cerveau de tous les enfants est capable d'emmagasiner, de s'imprégner de tout ce qui l'entoure, sans effort, et de créer dans chaque nouvelle situation des connexions neuronales en conséquence.

Cette capacité est manifestement plus importante chez les atypiques, et ils en font aussi certainement meilleur usage, sans même y prêter attention. C'est aussi ce qui permet aux enfants (multi)Dys de compenser, parfois vraiment très bien jusqu'à l'entrée au collège. Et c'est à ce stade que tout bascule, parce qu'arrive un moment où cela ne suffit plus.

LE POINT DE VUE DE...

Frédéric, 41 ans

Petit, j'étais perçu comme très intelligent, et tout le monde était certain que je m'en sortirai toujours. J'ai entendu ça toute ma vie : « Je ne m'en fais pas pour Frédéric, il a des capacités. » C'était le cas. Sans apprendre, j'avais d'excellents bulletins, et c'est tout ce que l'on me demandait. Pourtant, j'étais plutôt malheureux en classe, et j'ai fini par quitter l'école à 16 ans. J'ai bidouillé dans divers domaines, apprenant sur le tas. Mais j'affiche une vie professionnelle dissolue qui fait fuir les recruteurs.

QUAND L'AUTORITÉ EST CONTESTÉE

Chercher à redéfinir les limites

Les enfants atypiques passent souvent pour mal éduqués, car ils n'ont pas, d'office, conscience des limites. Ou plus exactement, ils les comprennent, mais ressentent un besoin pressant de les tester continuellement et de les repousser autant que faire se peut. À l'école, cela sera considéré comme les suites d'un grave laxisme parental.

Un enfant qui remet en cause l'autorité de l'enseignant risque de s'attirer les foudres de ce dernier. C'est pourquoi il est important d'arriver à pondérer cette nature **contestataire**, comme d'expliquer aux professeurs les raisons de ce comportement pouvant générer pas mal de **stress** dans un cadre institutionnel.

Le point de vue de...

Martine et Hugo, parents de Sébastien, 21 ans

Sébastien était un petit garçon passionné et passionnant, mais aussi épuisant pour nous à la maison, comme agaçant pour beaucoup de ses profs au fil des années. Il ergotait sur la moindre consigne, pinaillait sur chaque détail, chaque point faisait l'objet d'une objection détaillée. Pas une semaine ne s'est passée sans remarque dans le carnet de correspondance pour nous signaler l'effronterie de notre fils, avec entre les lignes des reproches quant à notre éducation permissive.

De la logique derrière chaque règle

Le manque de sens des règlements qui leur sont imposés passe mal. Il leur faut **comprendre** les tenants et les aboutissants de chaque élément pour l'accepter et parvenir à s'y plier. S'ils ne perçoivent pas la logique d'une règle, ils ont beaucoup de mal à la respecter. Or là encore, c'est expressément problématique à l'école où l'on n'attend surtout pas que chaque élève se sente libre de discuter les règles de la classe. Encore moins qu'il ne les respecte qu'à la condition qu'elles lui semblent justifiées. Cela fait partie des choses sur lesquelles on ne peut pas transiger, comme la politesse ou le respect d'autrui. Aussi, il faudra vous armer de patience pour contrer les « Mais pourquoi ? » de votre jeune atypique qui veut qu'on lui explique tout, et lui faire toucher du doigt le caractère incontournable des règlements qui doivent s'appliquer à tous, quand bien même il les trouverait stupides ou infondés (ce qui est son droit le plus strict).

Les enfants atypiques sont joueurs. Plus ils sentent de résistance chez un adulte, et plus ils insistent en appuyant délibérément là où ça fait mal. Mais ce petit jeu peut tourner vinaigre avec certains enseignants ou adultes encadrants pour qui cette remise en cause de leur autorité est un affront impardonnable.

Des réactions impulsives

Dans la famille des atypiques, on trouve autant d'**introvertis** – plutôt flegmatiques – que d'**extravertis** – à tendance hyperactive. Pourtant, contrairement à ce que l'on pourrait penser, l'**impulsivité** peut survenir même chez des profils en apparence peu exubérants, y compris chez les filles. Concrètement, cela donne des élèves qui prennent ou coupent la parole sans autorisation, qui interrompent le cours pour ce qui sera vu comme une broutille, qui crient, qui touchent à tout (et principalement aux affaires qui ne leur appartiennent pas), qui se laissent distraire par n'importe quoi, qui n'écoutent pas les réponses à leurs questions, qui se lèvent, qui font beaucoup de bruit, qui pleurent, qui frappent.

L'impulsivité prend des visages différents. Cette **hyperréactivité émotionnelle** qui rend l'impulsif irascible et le fait démarrer au quart de tour, peut ne pas s'exprimer en continu chez certains. S'il est des impulsifs qui éclatent à tout bout de champ, chez d'autres cela pourra tout à fait rester en sommeil pendant quelques heures, avant d'exploser subitement comme une cocotte-minute qui serait montée en pression.

BON À SAVOIR

ATTENTION DANGER IMPULSIVITÉ !

Il faut être vigilant lorsqu'on a un enfant impulsif, car cette particularité est tristement synonyme de mises en danger et de prises de risque inconsidérées. L'impulsivité implique de grandes difficultés à anticiper. L'enfant ne considère que l'immédiat, le temps présent, et pas les éventuelles conséquences de ses actes. Il agit ou il parle... et il pense ensuite. Il n'est pas rare de voir apparaître chez l'ado ou le jeune adulte des conduites ordaliques, des addictions et des actes pouvant entraîner des démêlés avec la justice. Là où certains atypiques n'acceptent pas les consignes et les règles de la classe, les impulsifs ne les intègrent pas. Le résultat est le même, me direz-vous, lorsqu'il s'agit du travail à l'école, de la vie de la classe, des devoirs. Oui... et non. C'est en comprenant le mécanisme de ce comportement que vous pourrez accompagner au mieux votre enfant. Si l'élève atypique impulsif est facilement qualifié de colérique, d'incontrôlable, de sale caractère, d'irréfléchi ou d'excité, ce n'est pas sa faute. En réalité, il n'est pas capable de se contrôler. Tout se joue dans son cerveau.

La méthode *STOP THINK and GO* à la rescousse

Il s'agit ici d'interrompre le caractère impulsif avant qu'il ne produise ses effets indésirables et permettre à l'enfant de reprendre le contrôle dont cette impulsivité le prive.

Les trois petites icônes (*stop, think, go*) sont à insérer telles quelles ou à refaire si techniquement elles ne sont pas assez bonnes

« Comment te sens-tu ? » Amenez votre atypique à faire une pause pour le questionner sur ce qu'il ressent : je suis heureux, je suis triste, je suis en colère, j'ai peur… Parvenir à identifier cette empreinte émotionnelle est important, car elle va conditionner ce qu'il aurait tendance à faire de manière impulsive.

« Que faire de cette émotion ? » Demandez à l'enfant d'énumérer différentes réponses à cette émotion, et d'en imaginer les conséquences possibles. Plein de solutions s'offrent à lui, mais certaines sont positives, d'autres négatives. D'où l'intérêt d'y réfléchir avant de foncer tête baissée !

« Quelle solution est la plus sûre pour toi ? » Maintenant que les suites envisagées sont listées, votre enfant doit se questionner sur le choix qu'il doit faire, comment réagir sans risquer d'enfreindre les règles de la classe ni se mettre en danger.

> « Ne pas confondre avoir de l'autorité et avoir l'autorité. »

EXERCICE

COMMUNIQUER AVEC L'ÉCOLE, ÇA S'APPREND !

Il est très tentant, face au mot ou à la remarque d'un enseignant que l'on estime infondé, de répondre. Mais les réponses précipitées perdent toute objectivité sans rien apporter de constructif. Il faut donc garder en tête que l'on doit tout faire pour avancer main dans la main avec les enseignants et constituer un tandem « famille / école » qui soit complémentaire.

Le mot d'ordre est de ne pas surréagir. « Avant de répondre, PENSE ! »
Demandez-vous si :

P - ce que j'envisage de répondre est POSITIF ?

E - ce que j'envisage de répondre est EXACT ?

N - ce que j'envisage de répondre est NÉCESSAIRE ?

S - ce que j'envisage de répondre est SAGE ?

E - ce que j'envisage de répondre est ENRICHISSANT ?

Entraînez-vous à présenter les choses de façon ouverte.

Évitez de vous montrer accusateur : plutôt que de condamner, soulignez que vous espérez comprendre le malentendu.

Évitez d'énoncer des certitudes là où il n'y en a pas : plutôt que de reprocher de manière tranchante, signifiez à l'enseignant que vous aimeriez connaître sa version des faits. Il est indispensable d'avoir les deux sons de cloche ; partir au quart de tour en ayant seulement entendu votre enfant est l'erreur à ne surtout pas commettre.

Évitez le vocabulaire belliqueux : plutôt que de chercher à vous imposer par la force, échangez dans un respect mutuel. Même dans les dissensions, il faut laisser son interlocuteur exprimer son point de vue, qu'il vous plaise ou non, et rester à l'écoute.

DIFFICULTÉS SPÉCIFIQUES

Que ce soit dans la parole – dans l'excès ou le silence – ou dans l'écriture, certains comportements caractéristiques des atypiques peuvent poser problème, notablement à l'école.

UNE HYPERVERBALISATION PROBLÈMATIQUE

Bien des atypiques sont dans une oralisation sans commune mesure avec les personnes dans la norme. Ils tchatchent à longueur de temps, et cette verbalisation croît à mesure que leur anxiété augmente. Parler, ça va vite ! C'est presque aussi fulgurant que leurs pensées, face à la lenteur qui leur semble imposée par leur stylo.

Cependant, cette irrépressible envie de s'exprimer est un pan de leur personnalité qui pose invariablement problème en classe. Ces élèves occupent tout l'espace et ne savent pas réguler leurs comportements. Ils **bavardent**, lèvent constamment la main en répétant **« Moi je sais »** et ne laissent pas les autres répondre. Ils monopolisent l'enseignant avec des questions en cascade qui peuvent être pertinentes ou hors de propos. Ils sont en demande incessante d'échanges avec l'adulte, d'approbation, de précisions.

Réguler le flux de paroles en classe

Pour aider votre atypique, sans risquer d'interférer dans la façon qu'ont ses enseignants de gérer la classe, voici quelques idées à tester.

- Suggérer à votre enfant d'écrire ses réponses sur une feuille du cahier de brouillon ou sur son ardoise. Lorsque le professeur interrogera, les autres auront alors une plus grande latitude pour participer sans la fougue du vôtre à parler en premier. De son côté, il ne sera pas privé de la satisfaction d'avoir su et surtout, de pouvoir en faire état à la fin du cours à l'enseignant, en lui montrant le cahier ou l'ardoise.

- Convenir avec lui d'un quota de sollicitations par jour (attention, vous seuls le saurez; l'idée n'est pas que la classe soit au courant pour éviter que des rappels extérieurs lui soient faits, cela serait humiliant et contre-productif. C'est un challenge personnel). On peut fixer le seuil à dix interventions par jour au départ (sauf urgence, évidemment) puis proposer de diminuer progressivement. Voilà une manière de lui apprendre que tout ne se vaut pas, et qu'il est bien plus gratifiant d'apporter des éléments probants et mesurés.

- Expliquer qu'en classe, il n'est pas possible de tout développer, mais qu'il est permis et même encouragé, pour les petits curieux dans son genre, de creuser un thème plaisant et d'y réfléchir à la maison. Vous délimiterez un moment dédié, chaque soir, à ses remarques et questions. Le but est aussi d'éliminer les ruminations anxieuses qui s'installent lorsque l'enfant ne peut pas laisser libre court à cette faconde intarissable.

Le mutisme sélectif

À l'inverse, il est un phénomène incompris, justement parce que peu connu. Il ne s'agit pas d'enfants timides mais d'enfants qui sont radicalement mutiques, uniquement dans certaines circonstances. Ils ont besoin de se sentir suffisamment en confiance pour parler, sans quoi ils ne décochent pas un mot.

BON À SAVOIR

QUAND L'ANXIÉTÉ INTERDIT DE PARLER

Le mutisme sélectif concerne des enfants sans le moindre problème physiologique relatif à l'expression orale. De même, il ne s'applique pas aux enfants vivant en pays étranger et dont la maîtrise de la nouvelle langue serait insuffisante.

Il se traduit par :

- une incapacité complète à parler dans certaines situations vécues comme anxiogènes ou faisant subir à l'enfant une hyperstimulation des sens (à l'école, en présence d'inconnus, dans un endroit très fréquenté et/ou saturé en lumière, en odeurs, etc.) ;
- une parole tout à fait normale et fluide (qui peut d'ailleurs être très abondante !) dans les situations courantes de sa vie, dans un environnement rassurant (à la maison, chez les grands-parents, parmi des amis très proches, etc.).

Être face à un élève-hérisson

C'est une position plutôt inconfortable pour un enseignant, que d'être confronté à un silence drastique. Il va lui falloir accepter le fait que ce mutisme sélectif n'est pas une fantaisie ou un caprice de l'enfant, mais une difficulté réelle. Pour éviter toute stigmatisation, les parents peuvent suggérer de communiquer différemment avec cet enfant qui met mal à l'aise par son silence et ne participe pas. À noter que le refus de tout contact verbal n'empêche pas l'élève de parfaitement comprendre ce qui lui est demandé, et de travailler normalement.

Je conseille de ne surtout pas se focaliser sur cette atypie mais d'accepter l'enfant tel qu'il est, en laissant faire le temps. Appuyer sur cette bizarrerie ne ferait qu'augmenter ses préoccupations et lui donner l'impression d'être en milieu hostile. Or, il faut qu'il se sente évoluer dans une ambiance conviviale, dans laquelle il soit à l'aise, pour que la parole se libère.

QUIZ

APPRENDRE À RECONNAÎTRE LE MUTISME SÉLECTIF

Selon vous, chaque situation décrite ci-dessous est-elle « vraie » ou « fausse » dans le cas d'un enfant atteint de mutisme sélectif ?

1. L'enfant donne l'impression d'être impoli ou vexant. Il ne répond pas lorsqu'on lui parle et/ou n'utilise pas les mots « Bonjour / Au revoir / S'il vous plaît / Merci ».

☐ Vrai ☐ Faux

2. Il éprouve des difficultés à regarder la personne en face de lui et fuit même le regard des autres.

☐ Vrai ☐ Faux

3. Il peut parler s'il le veut vraiment, il lui suffit de faire un effort ! Mais ses parents jouent le jeu et le confortent dans cette comédie.

☐ Vrai ☐ Faux

4. Il a une démarche robotique ou maladroite s'il se sent observé.

☐ Vrai ☐ Faux

5. Il n'est affecté par rien. Il est insensible au plan émotionnel.

☐ Vrai ☐ Faux

RÉPONSES

1. Vrai : mais il ne le fait pas exprès ! Il n'a pas pour intention de vous manquer de respect ou d'être grossier, pas plus que de vous ignorer pour se payer votre tête. Il est réellement incapable de parler ou de répondre à vos sollicitations, même si l'on insiste ou que l'on se fâche.

2. Vrai : la grande anxiété responsable de ce mutisme sélectif rend difficiles les échanges au niveau du regard, ce qui ici encore peut prendre l'apparence d'un comportement insolent, alors qu'il n'en est rien.

3. Faux : une personne qui présente un mutisme sélectif ne simule pas, elle souffre réellement et ne peut se faire violence. Il ne suffit pas de lui asséner « Secoue-toi » ou « Fais un effort » pour que le blocage disparaisse comme par magie.

4. Vrai : il est fréquent d'observer une crispation physique (comme une raideur des membres, un visage impassible, des mouvements saccadés) chez les enfants avec mutisme sélectif. Leur démarche est bien plus naturelle lorsqu'ils sont dans un contexte apaisant.

5. Faux : au contraire ! Ces enfants sont des éponges émotionnelles. Ils sont particulièrement sensibles à tout ce qui se dégage autour d'eux, et les tensions relationnelles qu'ils peuvent capter nourrissent et aggravent leurs difficultés.

Les problèmes graphiques des atypiques

Ah, voilà un point récurrent ! Écrire exige une précision du geste que certains jeunes atypiques n'ont pas. Mais écrire exige également de savoir apprivoiser ses pensées pour suivre le rythme de la main. Or, ils trouvent que c'est trop lent. Ils sont **en effervescence** dans leur tête, les idées fusent, se multiplient… et à leur grand regret, leur main les ralentit. Ils n'aiment pas écrire, mais ils sont contraints de le faire. On leur reproche des cahiers et des classeurs mal tenus, des copies illisibles, un faible rendement à l'écrit.

BON À SAVOIR

EN CAS DE DYSGRAPHIE OU DYSPRAXIE…

Certains atypiques ayant reçu un diagnostic de dysgraphie ou de dyspraxie peuvent obtenir le droit d'utiliser en classe et aux examens un ordinateur portable, par l'intermédiaire d'un PAP[7] (plan d'accompagnement personnalisé) ou d'une saisine de la MDPH (maison départementale des personnes handicapées). Cela leur permet de compenser la situation de handicap qu'ils vivent.
Les autres peuvent être aidés (par un psychomotricien, un graphothérapeute ou un ergothérapeute) pour remédier aux soucis de posture, de gestion de l'espace et autres, grâce à des séances de rééducation de motricité fine.

7 http://eduscol.education.fr/cid86144/plan-d-accompagnement-personnalise.html

EXERCICE

IDENTIFIER LES SIGNES D'UN SOUCI GRAPHIQUE

Observez votre atypique en train d'écrire et cochez la réponse qui convient (en le situant non par rapport à son âge biologique, mais par rapport au niveau dans lequel il est scolarisé).

1. Sa vitesse d'écriture vous semble…

☐ Lente ☐ Moyenne ☐ Convenable ☐ Adéquate

2. La manière dont il tient son crayon vous semble….

☐ Inconfortable ☐ Tâtonnante ☐ Classique ☐ Confortable

3. La lisibilité des mots vous semble…

☐ Mauvaise ☐ Pas toujours évidente ☐ Correcte ☐ Parfaite

4. À la lecture de ces quelques lignes manuscrites, diriez-vous que son travail est…

☐ Négligé ☐ Pas des plus clean ☐ Correct ☐ Propre et net

5. Les efforts cognitif déployés pour cet exercice d'écriture vous semblent…

☐ Démesurés ☐ Plutôt importants ☐ Convenables ☐ Peu importants

RÉSULTATS

S'il obtient une majorité de réponses jaunes et/ou vertes, il ne semble pas concerné. Si votre enfant obtient une majorité de réponses rouges et/ou oranges, il est possible qu'il connaisse des difficultés graphiques qui entravent ses apprentissages. S'il est très gêné par celles-ci, prenez rendez-vous avec un spécialiste (psychomotricien, graphothérapeute ou ergothérapeute) afin de faire le point et de l'accompagner si besoin. Tous les dysgraphiques ne sont pas lents, certains vont beaucoup trop vite. Tous n'écrivent pas mal, certains sont spécialistes de la « dysgraphie lente et précise » pour reprendre l'expression du neuropsychiatre Julian de Ajuriaguerra. Il définissait le dysgraphique en ces termes : « Tout enfant dont la qualité de l'écriture est déficiente alors qu'aucun déficit intellectuel ou neurologique important n'explique cette déficience. »

CRÉATIVITÉ ET PENSÉE DIVERGENTE

La création passe infailliblement par l'imagination, et les atypiques n'en manquent décidément pas ! La plupart d'entre eux sont très créatifs, au moins dans le sens **inventif** du terme. S'ils ne le sont pas systématiquement dans le sens d'une création artistique, l'inventivité des atypiques peut prendre des allures changeantes. Chez certains, elle va rester tout à fait théorique, chez d'autres elle sera mise en application matériellement. Mais s'il est un signe particulier commun à tous les atypiques, c'est bien le fait de **penser autrement**. Ils perçoivent les choses de façon non conventionnelle et surtout, ils ont une facilité désarmante pour entrevoir des solutions insolites aux problèmes que l'on peut leur soumettre.

> « Il existe trois catégories de personnes : ceux qui voient, ceux qui voient quand on leur montre, et ceux qui ne voient pas. »
> *(Léonard de Vinci)*

LE POINT DE VUE DE…

Xavier, papa de Renaud, 15 ans et Zélie, 13 ans

J'ai deux enfants à la fois particuliers et vraiment très éloignés l'un de l'autre. Renaud ne jure que par le dessin, artiste dans l'âme. Mais il ne s'est jamais senti bien dans le cadre scolaire : depuis ses 3 ans, les instit' ont cherché par tous moyens à le faire entrer dans un moule qui ne lui correspondait pas. Jamais sa créativité n'a été écoutée ou exploitée. Les seules choses qui ont toujours compté, c'étaient les notes et le carcan des matières jugées sérieuses. Quant à Zélie, elle est cartésienne, éperdue de sciences et elle rêve de devenir chercheuse. Mais elle n'en est pas moins créative dans sa manière d'envisager les problèmes qui la motivent.

Éloge de la divergence

L'expression « pensée disruptive » est à la mode depuis quelques années et pourtant ce concept de disruption n'a rien de nouveau : il nous vient du latin *disrumpere* qui veut dire « briser en morceaux, faire éclater ». La pensée disruptive se veut donc en rupture totale avec les schémas connus jusqu'alors, pas impérativement comme une innovation qui implique un changement radical d'époque. Elle draine néanmoins une réussite aussi éclatante qu'inattendue, qui bouscule les codes dans un domaine donné !

Citons un exemple récent d'innovation disruptive : Steve Jobs et son invention de 2010, l'iPad. Le PDG d'Apple a su créer de toute pièce un besoin qui n'existait pas encore, et auquel personne ne croyait... avant d'être imité de tous.

Cette capacité de disruption trouve sa source dans les points forts des atypiques : créativité et **pensée divergente**. Ou comment imaginer un éventail le plus ample possible de solutions à une même problématique. Les atypiques ne sont pas des individus envieux de se démarquer par une posture artificielle ou un look vestimentaire provoquant. C'est leur cerveau qui est foncièrement hors norme, et cela leur confère des stratégies cognitives peu ordinaires. À ce titre, il est habituel que les élèves atypiques surprennent leurs enseignants avec des méthodes de calcul mental tout à fait personnelles.

BON À SAVOIR

PENSÉE DIVERGENTE OU CONVERGENTE ?

La « pensée divergente » consiste à conceptualiser de manière pluridirectionnelle de nombreuses idées, toutes issues d'un point de départ unique. Elle sollicite des aptitudes à imaginer, à rechercher des liens, à penser des solutions inexplorées dans le but de trouver un maximum de pistes originales. Aux antipodes, la « pensée convergente » consiste à réduire l'ensemble des idées envisagées, vers une hypothèse finale unique qui fasse office de réponse, à la manière d'un entonnoir. Elle sollicite des aptitudes à synthétiser, à hiérarchiser, à faire des choix dans le but d'opter pour la meilleure des solutions.

LA PENSÉE ARBORESCENTE

Qu'est-ce que cette pensée en arborescence ? C'est une sorte de super ramification mentale qui n'est pas propre aux atypiques, mais qui est ultra développée chez eux. Comparons cela à l'imagination : tous les êtres humains en ont, mais certains bien plus que d'autres. La pensée arborescente est donc cette capacité à voir germer nombre d'idées à partir d'un point de départ, sorte de torrent de pensées jaillissant simultanément, qui vont elles-mêmes se diviser et se subdiviser en de nouvelles cascades découlant d'associations d'idées. Cet enchaînement hyperréactif se fait ainsi selon une logique (personnelle, puisqu'elle dépend de situations vécues, d'anecdotes, de traces mnésiques propres à l'individu, mais bien réelle !), et non de manière décousue.

Le souci pour l'enfant atypique est de ne pas toujours être en mesure de justifier un résultat et d'expliquer comment il est allé de la question jusqu'à la solution. Il y est, c'est tout. Il ne peut pas rebrousser chemin mentalement pour exposer l'itinéraire suivi par sa pensée. Les idées naissent dans sa tête comme des geysers. Pour ces enfants si prodigues verbalement, cette pensée en arborescence les rend avares à l'écrit. Scolairement cela peut devenir fâcheux : à partir du collège, l'intuition ne suffit plus, la réponse doit être démontrée sans quoi elle sera invalidée. La démarche méthodologique devient presque plus importante que le résultat lui-même. Pour réussir, l'élève devra dès lors argumenter et montrer au correcteur qu'il s'appuie autant sur ses connaissances que sur une analyse appropriée.

Quelques conseils pour l'écrit

- **Rien de grave!** Avant tout, dédramatisez la situation par l'humour, auquel les atypiques sont généralement très sensibles. Il n'y a rien de désespéré : votre enfant va apprendre.

- **Donner du sens.** Le jeune atypique n'acceptera de faire des efforts que s'il comprend pourquoi. Quels bénéfices tirera-t-il de ces contraintes qu'on entend lui imposer ? Vous allez devoir lui expliquer en quoi être capable d'exprimer avec clarté et d'une façon ordonnée le cheminement de ses raisonnements est important.

- **Garder le cap.** Il y a fort à parier qu'il objectera toutes sortes d'arguments, de plus ou moins bonne foi, pour tester et mettre à mal vos explications... Il faudra tenir bon !

- **Apprendre à faire des erreurs.** Insistez sur le fait qu'il va lui falloir accepter de se tromper, car cela fait partie de l'apprentissage. Les erreurs ne doivent pas être regardées comme des échecs qui dévalorisent, mais comme des tremplins qui servent à progresser et à aller vers son objectif. Il ne faut donc pas en avoir peur, ou refuser de les vivre, elles sont aussi inévitables qu'utiles. Encouragez et valorisez chaque petite réussite.

- **Prendre confiance.** Dites-lui combien vous croyez en lui ! Montrez-lui que vous ne doutez pas qu'il parvienne à apprivoiser cette pensée qui peut s'apparenter à un cheval sauvage. Rappelez-vous l'époque où votre enfant a appris à parler ou à marcher, jamais vous n'avez envisagé qu'il n'apprenne pas à le faire. Pas une seconde vous ne vous êtes dit que les difficultés pourraient très bien le décourager et que finalement, il pourrait baisser les bras et passer sa vie sans maîtriser la parole ou se mettre debout. Malgré l'ampleur de la tâche, vous aviez une confiance absolue, inconditionnelle en ses capacités à apprendre. Eh bien, c'est cette confiance là qu'il faut lui manifester de nouveau.

Les manifestations synesthésiques

La synesthésie est un état neurologique associant spontanément certaines perceptions et modalités sensorielles. Ce phénomène peut apparaître entre n'importe quels sens, et est à la fois involontaire, incontrôlable, subjectif et non-pathologique. Chaque synesthète connaît depuis sa naissance ses propres manifestations.

Les enfants atypiques synesthètes peuvent tirer parti de cette condition s'ils en perçoivent les avantages.

Certains remarquent très jeunes qu'elle leur offre sur un plateau d'argent les résultats d'opérations mathématiques, prêts à être cueillis. Ou que les notes de musique se matérialisent sous leurs yeux, sans effort ni apprentissage. D'autres encore que leur esprit prend l'initiative de mémoriser en couleurs.

Le point de vue de...

Marie-Anne, maman de Martin, 10 ans

Quand Martin était petit, il me confiait des choses que je ne comprenais pas et qui me faisaient rire. Honnêtement, je les prenais pour le fruit de son imagination très féconde. Il n'aimait pas certains nombres par exemple, qu'il qualifiait de méchants, de gris, ou de poilus. Le 11 était sa hantise, il le rendait très inconfortable ; tandis qu'il affirmait que le bleu pastel du 6 le rassurait, et sentait délicieusement bon. Il se montrait rétif dès que certains de ces nombres s'inscrivaient dans un projet, dans une activité ou sur un carton d'invitation. L'apparence irraisonnée de ces loufoqueries me faisaient penser à de drôles de superstitions enfantines, et ce n'est que des années plus tard que j'ai appris d'un psychologue que tout cela portait un nom. C'était réel, et cela vivait dans sa tête, sans être le produit d'un imaginaire foisonnant. Les chiffres et les lettres ont pour mon fils une couleur, une odeur, une saveur, une personnalité à part entière ! Mais ne partageant pas ce mode de fonctionnement, je n'avais pas accès à ce qu'il essayait de me décrire. Pour lui, tout le monde pensait ainsi, moi y compris. Et pour moi, il était impossible d'apporter du crédit à ses dires.

DES PROFILS D'ATYPIQUES PANACHÉS

Être atypique n'interdit pas d'être tous différents. Le spectre est large et disparate, d'une particularité à l'autre, d'une personnalité à l'autre. Et rien n'est figé dans le temps.

Quand l'enfant se transforme en pitre

C'est généralement la conséquence d'un ennui profond : l'attention de l'enfant n'est pas canalisée par ce qui se dit ou se fait en classe, et son esprit déconnecte littéralement. Il peut se replier sur lui-même et vagabonder (auquel cas, il faut avouer que cela passera plutôt inaperçu, exception faite de remarques du style « Léa est dans la lune »), ou se fixer dans une posture d'amuseur (qui très vite n'amuse plus du tout l'enseignant).

Cette attitude est d'autant plus risquée qu'elle va tirer le jeune atypique dans un tourbillon dont il lui sera délicat de s'extraire. Le regard et les attentes des autres font très vite office de public, plaçant l'enfant dans une position de « rigolo de service » qui pimente un peu la journée avec ses bêtises et brave les interdits, en piquant au vif le professeur. Chacun est alors assigné à un rôle strictement défini, et l'enfant ne sait plus comment se débarrasser du sien sans risquer de perdre la face devant le reste de sa classe qui, collectivement, met une pression sociale terrible.

> Tout ce qui est personnel est universel.
> (*Charlie Chaplin*)

Passer un contrat

Avant que cela n'aille trop loin et que votre enfant ne soit réellement prisonnier de ce titre de « pitre de la classe » qui lui a été attribué, voici une manière de lui offrir une porte de sortie. Le contrat doit être mis à l'écrit et signé par l'enfant et le parent pour symboliser leur engagement mutuel. Il doit contenir :

- **un objectif principal, par exemple :** « Se recentrer sur son travail scolaire »
- **des moyens à mettre en œuvre pour y arriver,** comme « À la maison, faire les devoirs en temps et en heure pour se remettre dans le tempo », « Relire tous les soirs les leçons du jour pendant vingt minutes », « Réciter ces leçons à papa ou maman », « En classe, participer activement au moins trois fois par jour en respectant les règles (je lève le doigt pour demander la parole) », « Stop aux bavardage en cours », etc.
- **un résultat visé**, comme « Ne plus avoir de mot dans le carnet de correspondance pendant un mois entier ».

Les atypiques sont très sensibles à ce type d'engagements, car ils ont le mérite :

- d'être clairs : tout est écrit, rien n'est approximatif ;
- de leur donner le sentiment d'être estimés : on leur accorde notre confiance, c'est donc que l'on pense qu'ils en sont dignes et qu'ils ont la maturité qui rend possible l'exercice !
- de les placer dans une position proactive salutaire : ils deviennent acteurs de ce virage pris dans leur vie, et non pas spectateurs.

Passer un contrat avec votre atypique peut sembler de prime abord un peu austère, mais c'est en fait lui tendre une perche en lui donnant un cadre délimité et précis. Un moyen pour lui de prendre des engagements qui vont valoriser les efforts qu'il aura fourni pour tenir ses objectifs. Vous lui montrez par ce pacte que vous souhaitez avancer main dans la main, tout en imposant des règles strictes, gage de sa réussite.

Et celui qui a la bougeotte ?

Parmi les enfants atypiques, beaucoup ont la bougeotte. À l'école, on les dit **têtes en l'air** et incapables de tenir en place : ils s'agitent, ils courent, ils se balancent. Leur donner du « Stop, concentre-toi » n'a aucun sens à leurs yeux. Ces esprits sans repos peinent à se concentrer plus de quelques minutes d'affilée sur leurs leçons ou leurs devoirs, mais ils peuvent passer chez eux des heures les yeux rivés devant leur écran, en oubliant tout ce qui les entoure. D'aucuns les appellent les boules de flipper, pour rendre compte de leur **vélocité** et de leur nature les incitant à filer d'un point à l'autre, en ne faisant que le survoler en vitesse avant de repartir aussitôt vers le suivant. D'autres les qualifient d'enfants zappeurs, parce qu'ils commencent plein de choses sans jamais aller au bout de ce qui a été entrepris. Leur cerveau a besoin d'excitation, et quand l'ennui les submerge, ils créent de la nouveauté comme ils le peuvent.

Les enseignants ont l'impression que ces élèves turbulents ne sont pas présents dans ce qu'ils font, qu'ils ne sont pas calibrés pour les apprentissages. Pourtant, ce sont des enfants qui s'intéressent à énormément de choses et qui sont ouverts sur le monde. Mais le fait qu'ils oublient de noter la moitié des devoirs ou qu'ils laissent leurs livres à la maison quand il fallait les ramener en classe ne plaide malheureusement pas en faveur de cette qualité.

Petits bidules

Une chose toute simple peut grandement aider votre enfant à calmer ses mouvements incontrôlés : acquérir de petits objets appelés des *fidgets*. Ce sont de petits jouets très peu chers à acheter en ligne, qui se présentent sous des formes variées. Ils ont pour effet de déstresser par leur manipulation, qui reste discrète en classe et non gênante pour les autres. Le principe est d'occuper le corps et de laisser l'esprit se concentrer en satisfaisant certains impératifs. Rien de nouveau sous le soleil : du temps d'Aristote, philosophe grec né en 384 avant J.-C., faire les cent pas permettait déjà de réfléchir et d'apprendre, d'où le nom donné à un mouvement philosophique « d'école péripatéticienne » (du grec « qui aime se promener en discutant »).

DU REFUS À LA PHOBIE

Il arrive que l'enfant rejette soudainement les apprentissages. Mais en réalité, il s'agit d'un refus de faire, de travailler, d'écrire, d'être présent, et non un refus d'accéder aux savoirs dont il reste assoiffé. En qualité de parent, il faut être attentif aux changements comportementaux qui traduisent ce que le jeune atypique n'ose pas ou ne sait pas toujours exprimer avec des mots. Ce refus scolaire, en rupture avec l'attitude habituelle de l'enfant, peut témoigner d'un désir de perfection très poussé. C'est quelque chose de fréquent chez ces élèves hors norme qui vont parfois se mettre une énorme pression, au point d'engendrer en eux un stress colossal. Le **perfectionnisme** s'accompagne toujours d'une importante **autodépréciation**. Ils s'auto-infligent des punitions si leurs résultats ne sont pas excellents, alors même que leurs parents n'ont jamais édicté une telle règle. Ils finissent quelquefois par anticiper et se trouver paralysés devant leur copie.

Une peur panique de l'échec

Les atypiques qui connaissent une peur panique de l'échec ne se sentent pas capables de réussir, ils n'ont pas confiance en eux et ont le sentiment d'échouer avant même d'essayer. Ils se montrent affreusement susceptibles face à des remarques qu'ils comprennent – à tort – comme des attaques gratuites. Leur redoutable esprit critique s'embrouille quand il baigne trop longtemps dans une estime de soi insuffisante. Cela les conforte dans l'idée tenace qu'ils sont nuls et ratent tout.

Leur objectivité n'est décidément plus au rendez-vous et ils s'observent avec sévérité, se mettant dans tous leurs états quand la réussite telle qu'ils l'exigent n'est pas au rendez-vous. Ils se persuadent de n'être pas à la hauteur des espérances de leurs parents et de leurs enseignants : ils ont l'impression de les trahir.

BON À SAVOIR

L'EFFET « PYGMALION NÉGATIF »

Mis en évidence par le psychologue français Jean-Charles Terrassier, il touche les enfants atypiques dont l'enseignant ne reconnaît pas ou ne connaît pas les particularités. Ces enfants vont alors être ignorés dans leurs besoins, mais aussi dans leurs capacités différentes. Le professeur les regardera comme il regarde un enfant standard, et attendra évidemment d'eux la même chose que les autres enfants.

Ceci va pousser ces atypiques non reconnus comme tel à se conformer à l'image qui est projetée sur eux. Ils vont ainsi inhiber leur intelligence hors norme et refréner toute marque d'originalité et toute forme de créativité.

Plutôt que de mal faire, ne pas faire du tout

Les enfants atypiques qui présentent un ou des trouble(s) des apprentissages sont également terriblement sujets à cette peur de l'échec. Ils se voient au gré des années alourdis de handicap(s) qui ne sont plus intégralement compensé(s) par leur finesse cognitive. Et ils peinent, ils se heurtent à des problèmes comme ils n'en avaient jamais connus jusque-là. C'est désarçonnant, surtout pour des enfants qui ont une **acuité** très développée. Ils remarquent très tôt les changements qui opèrent dans leur vie d'élève, bien avant leurs parents ou leurs enseignants. Ils sentent que les rouages qui fonctionnaient jusqu'alors se grippent, et cela leur fait perdre leurs moyens. La solution la plus sûre reste encore de ne plus bouger, dans l'espoir un peu fou d'une aide providentielle.

LE POINT DE VUE DE...

Chloé, maman de Lætitia, 15 ans

Ma fille a toujours eu du mal à se lancer. Ça a été le cas pour apprendre à marcher, apprendre à parler, faire du vélo sans les petites roues, enlever les brassards. Chaque étape de sa vie de petit enfant a été retardée, comme si elle redoutait de ne pas y arriver. Et à l'école, ça a continué !

Face à un enfant qui a une peur panique de l'échec

Voici trois mesures simples qui éviteront de renforcer cette tendance.

1) Ne félicitez surtout pas votre atypique pour ses bonnes notes, mais félicitez ses louables efforts. Sans quoi l'enfant s'assimile à cette note qui ne le résume pas, au point quelquefois de ne voir plus qu'elle.

2) Ne lui envoyez pas de signes d'un amour parental qui serait soumis à conditions : rassurez-le aussi souvent que possible en réaffirmant que vous l'aimerez toujours du plus profond de votre cœur.

3) Valorisez chaque point positif des évaluations qu'il ramène. Et mettez en avant l'idée de progression, non de verdict noté qui balayerait tout le reste, le travail, l'apprentissage des leçons, la mise en application des méthodes.

> « Le succès est une succession d'échecs. »

LES PIÈGES DANS LE CADRE SCOLAIRE

L'hypersensibilité

La sensibilité exacerbée des atypiques peut créer la confusion chez les personnes qui ne connaissent pas les particularités de ces enfants. Le fait que le jeune atypique ait la larme facile lui donne l'apparence d'un pleurnicheur et sa délicatesse le place, à leurs yeux, dans la catégorie des immatures, des faibles qui vivent leurs émotions en yo-yo et ne savent pas les circonscrire. Pour finir, ça lui est reproché, comme un défaut.

L'ascenseur émotionnel est fatigant à vivre pour l'atypique, mais aussi pour ceux qui l'entourent : une joie est toujours un feu d'artifice, et une déception un abysse qui s'ouvre sous ses pieds.

UNE HYPERSENSIBILITÉ AIGUË ET ENVAHISSANTE

Bien des atypiques présentent ce que l'on appelle une hypersensibilité. Les choses les plus anodines les affectent de manière prodigieuse. Tous les atypiques ne la possèdent pas, mais ce trait de personnalité rend ceux qui vivent avec mirifiquement vulnérables dans l'enceinte scolaire. Ils sont **à fleur de peau** : la moindre remarque est ressentie comme abrupte, la moindre tension les conduit au bord des larmes. La psychologue Arielle Adda a coutume de dire que pour ces enfants-là, «le monde s'effondre trois fois par jour». C'est cette alternance d'émotions positives et négatives, très hautes ou très basses, ce **grand huit émotionnel** qui est hors norme, envahissant, presque handicapant.

Des enfants immatures ?

Les atypiques sont des enfants d'une maturité intellectuelle hors du commun. Ils s'intéressent à des sujets existentiels à l'âge où les autres collent des gommettes, ils sont capables d'un degré d'abstraction que certains adultes peinent à atteindre ; on ne peut donc décemment pas parler d'immaturité. En revanche, ils ont une affectivité titanesque, qui, elle, n'est pas au même niveau que cette hypermaturité intellectuelle. Et c'est cet écart entre la sphère intellectuelle et la sphère affective qui les rend fragiles, pour ne pas dire aux yeux de certains, lunatiques. Ce qu'ils comprennent très bien du point de vue cognitif, ils ne peuvent pas toujours l'affronter du point de vue affectif, n'étant pas encore outillés émotionnellement parlant.

Une hypersensibilité parfois bien cachée

Un hypersensible n'est pas fatalement celui que l'on croit. Il peut aussi revêtir les apparences d'un enfant détaché, presque insensible, qui ne laisse transparaître aucune émotion en public, pour mieux se protéger. Cette grande réserve pourrait passer pour de la froideur ou de l'indifférence, mais il s'agit communément chez un atypique d'une manière de chercher à maîtriser ses émotions. Elles peuvent le faire chavirer, il le sait. Aussi, les mettre à distance lui permet de cloisonner hermétiquement son monde intérieur. Il fait en sorte de s'assurer de ne pas craquer quand il est entouré d'autres personnes extérieures à son petit cercle familial.

Quand l'atypique ne déchiffre pas les émotions

Un atypique hypersensible peut également ne pas parvenir à décrypter avec facilité les émotions et les intentions, qu'il s'agisse de celles des autres, ou des siennes. De même, les expressions faciales peuvent lui être difficiles à cerner. Par conséquent, l'enfant n'arrivera pas à juger du moment où il aurait tout intérêt à se faire plus discret, semblant ainsi prendre un malin plaisir à pousser le bouchon toujours plus loin. On imagine qu'il est enfantin d'identifier un visage exprimant de la joie, de la colère, de la peur, du dégoût, alors qu'il est des atypiques pour qui rien de cela ne coule de source. Ceux-là ont besoin de prendre le temps de revenir sur une situation pour l'analyser.

EXERCICE

L'ÉMOTIOMÈTRE

Savoir reconnaître et dire ses émotions n'est pas toujours simple pour les enfants atypiques. Il leur faut parfois s'exercer à les accueillir, les analyser et les nommer pour comprendre leurs propres réactions et leurs besoins. Mais aussi pour mieux prévenir leurs moments de crise.

Robert Plutchik, psychologue et universitaire américain, a étudié la théorie des émotions et a ainsi imaginé un modèle de roue des émotions sous forme de fleur (en 2D) ou de diamant (en 3D, en quelque sorte en repliant les pétales sous la fleur). Nous avons simplifié ici son modèle pour qu'il puisse être utilisé en famille.

Pour commencer, rendez-vous à la fin du livre dans les feuilles détachables et découpez les contours de la fleur. Vous pouvez coller les pétales ensemble et monter l'émotiomètre sur une tige afin de le faire tourner.Que ressent-il ? Cette fleur va permettre à votre enfant de se situer parmi les huit segments et de communiquer efficacement son état émotionnel. Par exemple : une crise de larmes arrive, mais votre atypique ne sait pas prendre le recul nécessaire pour expliquer ce qui pèche. En lui proposant de pointer sur l'émotiomètre ce qu'il ressent, il va pouvoir vous donner la couleur de son émotion du moment. Il pourra dire s'il est triste et a de la peine, ou au rebours s'il est en colère à cause d'une frustration. Et votre réponse sera bien entendu fonction de cette mesure émotionnelle.

Vous pouvez utiliser cette fleur ponctuellement quand vous sentez votre atypique submergé par ses émotions, ou au contraire instituer un rituel qui permettra de prendre la météo de ses émotions, au quotidien par exemple.

Il ne demande jamais d'aide

C'est un comportement risqué pour les atypiques qui veulent tout faire par eux-mêmes. Ils aiment la complexité et manifestent ce que la psychologue américaine Ellen Winner a appelé la **rage de maîtriser**. Ils mettent toute leur énergie dans cette volonté farouche de se débrouiller seuls. Cette hypermotivation intrinsèque les amène à refuser rigoureusement toute aide extérieure, au point d'entrer dans des colères monstrueuses si l'aide venait à leur être imposée. Or, les atypiques ne sont pas doués dans tous les domaines ! Ils peuvent l'être dans une sphère ou une matière précise, qui les passionne, mais être moyens (voire pas bons du tout) dans une autre qui les laisse de marbre. Mais le piège de ce refus d'aide s'est refermé sur eux. Fidèles à leurs principes, ils se persuadent qu'ils pourront s'en sortir, sans appeler au secours, même quand ils se noient.

Le point de vue de…

Franck, papa de Rosemary, 7 ans

Lorsqu'elle ne réussit pas du premier coup ou craint de « ne pas faire bien », ma fille se cabre comme un cheval qui s'arrête au pied d'une barrière et envoie valdinguer son cavalier. C'est devenu un problème, spécialement à l'école comme pour les devoirs. Alors, on a fait un pacte tous les deux : Rosemary a le droit d'essayer deux fois seule, et si ça ne marche pas, alors elle demande à l'adulte un indice. Si ce troisième essai n'est pas probant, la règle du jeu impose qu'elle passe à la suite en attendant la correction.

« Tout est intense chez les atypiques. »

Ne pas avoir besoin d'apprendre ?

Il n'est pas rare que l'enfant atypique veuille se convaincre que sa mémoire lui permet de tout retenir du premier coup, sans relecture ni travail supplémentaire. Il a pu en effet s'appuyer sur ses facilités et il ne réalise pas toujours que cette méthode a ses limites. D'autre part, si comprendre une notion aide à la mémoriser et à la rattacher à d'autres éléments, c'est-à-dire à tisser une toile mentale, cela ne suffit pas à la fixer durablement.

Apprendre par la réactivation

Une information que l'on enregistre est stockée temporairement dans une région du cerveau appelée l'hippocampe. C'est la réactivation de ce souvenir qui va jouer un rôle primordial dans son transfert vers la zone de stockage permanent, appelée le néocortex.

On peut visualiser ces circuits synaptiques à la manière de sentiers qui serpentent dans une forêt de neurones. Ces chemins permettent à nos connaissances de circuler ; plus ils sont empruntés, plus ils sont faciles d'accès et solidement ancrés dans notre esprit. Ainsi, les jeunes atypiques ayant l'impression qu'écouter en classe leur suffit amplement à connaître le cours, et qu'ils seront en mesure de réussir les évaluations sans se replonger dans une relecture ou dans des révisions régulières, font fausse route. Sans rappel, pas de transfert dans la zone néocorticale, qui est ce que l'on pourrait qualifier de disque dur du cerveau.

Une étude menée par l'équipe allemande du professeur Bjorn Rasch, publiée dans la revue *Nature Neuroscience*, montre que le transfert des souvenirs se fait d'autant plus efficacement durant une petite sieste d'une trentaine de minutes. De son côté, le chercheur en neurosciences argentin Fabricio Ballarini a découvert que l'effet de surprise dynamise la mémoire. Créer un étonnement qui vienne s'intercaler entre deux séquences de cours permettrait d'améliorer jusqu'à 70 % la mémoire du précédent évènement, comme du suivant.

Ne plus être spécial ?

Ce n'est pas simple d'avoir un fonctionnement qui n'est pas celui de la plupart des copains. Il faut réussir à trouver les procédés congruents pour soi, et accepter de travailler différemment. La fenêtre de tir peut être étroite, et certains jeunes en viennent à se convaincre – à tort – que leurs capacités cognitives sont rentrées dans la norme et que leurs talents mnésiques ne sont plus ce qu'ils étaient dans leur enfance.

Selon le « modèle d'atypique » que vous avez, il peut être plus visuel ou plus auditif. Un enfant qui a une pensée visuo-spatiale très marquée sera bien plus sensible à certaines méthodes d'encodage très graphiques, comme :

- **les cartes heuristiques** (aussi appelées cartes mentales, ou *mind-mapping*[8]) qui apportent une vision très synthétique et colorée des informations à mémoriser, sous la forme d'une arborescence étoilée. Tous les atypiques n'y trouvent pas leur compte : certains trouvent ça brouillon, d'autres sont gênés par l'aspect tentaculaire des représentations, d'autres encore sont perdus par cette spatialisation ;
- plus récemment arrivée, **la technique du *sketchnoting***[9]. Ce mode de prise de notes se fait à l'aide de petits dessins, de bannières, de puces, de typographies, de couleurs. Il se veut créatif, mais pour des enfants agités et/ou perfectionnistes, il risque surtout d'être catastrophique. L'enfant s'attache beaucoup trop à la forme et en perd le fond. Or, l'idée est d'être rapide et réactif, et pas de passer trois heures sur un dessin de quelques éléments à peine.

On peut s'en inspirer et faire l'essai avec son enfant. Toutefois, ces méthodes ne conviennent pas à tous, et c'est dans la variété des approches que se trouve la meilleure solution pour chacun.

8 Concept inventé par le psychologue britannique Tony Buzan.
9 De la combinaison des termes anglophones *sketch* qui signifie « griffonner » et *note* pour « prise de notes ».

Hyperesthésie

Hypersensibilité

Caisse de résonance

3
L'atypie en famille

Tornade

Surcharge cognitive

Rivalités

Art de la négociation

Maladresse

Hypervigilence

Soûlant

LES SORTIES

Être parent d'un enfant qui ne réagit pas comme les autres implique de tenir compte de nombreux paramètres qui passent au-dessus de la tête de la majorité des gens. Mais cela force aussi à regarder le monde autrement !

Une perméabilité émotionnelle

L'**hypersensibilité** a trait à l'émotionnel et touche environ 20 % de la population. Ces personnes hypersensibles, les « douillets affectifs » comme les surnomme malicieusement le neuropsychiatre Boris Cyrulnik, appréhendent *tout* ce qui se passe autour d'elles par le prisme de l'émotion, et sont touchées de plein fouet. Leurs ressentis sont décuplés et chaque événement de la vie, même le plus infime, trouve un écho exceptionnel. Cela s'observe sur trois dimensions :

- une réceptivité bien plus importante que chez les individus classiques ;
- une émotivité constante, envahissante ;
- une expression de cette réponse émotionnelle puissante et incontrôlée.

> « Je suis doué d'une sensibilité absurde, ce qui érafle les autres me déchire. »
> (*Gustave Flaubert*)

DE L'HYPERSENSIBILITÉ À L'HYPERESTHÉSIE

En plus de cette sensibilité hors norme, certains atypiques connaissent également des distorsions sensorielles[10], que ce soit dans le sens d'hypo ou d'hyperréactivités, d'hypo ou d'hyper fascinations qui peuvent les déboussoler, ou les obséder. Parmi ces distorsions perceptives se trouve **l'hyperesthésie**. C'est une exacerbation de la perception sensitive et sensorielle. « Sensitif » se rapporte aux sensations transmises par les nerfs reliés au toucher et qui sont de l'ordre du ressenti (relatif à la douleur, à la faim, au froid, aux sensations de pressions exercées sur la peau), de la proprioception (relatif à la capacité à percevoir la position de notre corps dans l'espace) et du vestibulaire (relatif à la coordination des mouvements et à l'équilibre). « Sensoriel » se rapporte aux sensations transmises depuis nos organes par les nerfs reliés aux quatre autres sens. Autrement dit, l'hyperesthésie est une hypersensibilité, mais appliquée aux cinq sens, et non émotionnelle.

Cet apanage endémique de la population atypique altère bigrement la qualité de vie des ceux qui en souffrent, en transformant certaines de leurs sensations en ressentis douloureux. Cette idiosyncrasie s'exprime sur toute une palette de nuances, allant du simple inconfort au sentiment de se retrouver au bord d'un abîme.

10 Se reporter à la thèse de doctorat en psychologie soutenue par le Dr Claire Degenne-Richard : « Évaluation de la symptomatologie sensorielle des personnes adultes avec autisme et incidence des particularités sensorielles sur l'émergence des troubles du comportement ».

Hypersensible au bruit, à la lumière, aux odeurs

Quand il est dans une configuration qui le blesse, un enfant hyperesthésique se montre prestement submergé par une saturation, un trop-plein d'informations sensorielles dont il ne peut faire abstraction.

Il n'exagère pas, il n'invente pas : c'est bien son système nerveux qui perçoit les signaux de manière beaucoup trop intense.

Il ressent trop de bruits diffus, trop d'odeurs qui se mélangent et qui l'agressent, des lumières trop brillantes, des gens qui parlent trop vite, trop fort, qui sont trop proches de lui. Dans ces conditions, on ne s'étonne plus que l'enfant veuille partir en courant, se montre irritable, agressif, voire méchant dans ses propos, qu'il se replie sur lui-même (comme s'il était déconnecté) ou qu'il pique des colères qu'on n'arrive pas à raisonner.

Devant un tel comportement toutefois, arriver à cibler cette cause-là n'est pas évident, surtout si personne ne nous y fait penser et que l'on ne sait même pas où chercher, ni par quel bout prendre le problème. D'autant que les plus jeunes ne formuleront pas nécessairement la gêne avec des mots. Pour les parents, cela pourrait tout aussi bien correspondre à mille autres raisons différentes !

Mais une fois que l'on comprend, on peut apprendre à l'enfant à « dealer » avec cette hypersensorialité et à mettre en place des stratégies de *coping*[11] pour partager les sorties en famille.

« L'encouragement est à l'enfant ce que l'eau est à la plante.

(Rudolf Dreikurs) »

11 En psychologie le *coping* représente les efforts – au plan cognitif et comportemental – ayant pour but d'appréhender un facteur de stress et d'en maîtriser les conséquences. Le terme est issu de l'anglais *to cope* qui signifie « faire face ».

EXERCICE

APPRIVOISER SES HYPERESTHÉSIES

Même si les sorties sont plus compliquées avec un enfant atypique manifestant des hyperesthésies, il n'y a aucune raison de le priver de séances de cinéma, de piscine, de journées dans les parcs d'attraction, de visites de musées ou de zoos s'il en a envie. Il lui sera bien plus profitable, à terme, de lui permettre de parvenir à une situation d'autorégulation.

Pour réussir, il lui faut :

- **préalablement, se préparer mentalement** à cette exposition
  - lui expliquer ce que sont ces surcharges sensorielles : mettre des mots sur ses ressentis est capital ;
  - lui enseigner comment se préparer à une immersion en situations à risques, et en sortir victorieux (c'est-à-dire en ayant pu faire ce qui était envisagé, sans trop de fatigue par la suite) ; cela peut se faire en visualisant les éléments susceptibles de générer une abondance d'émotions et/ou de sensations, ou encore à l'aide de ruses de contournement, de compensation, d'évitement ;
- **postérieurement, lui ménager du temps pour lui**. Ce calme après un moment de grandes sollicitations va l'aider à décrypter ce qui s'est passé, à tête reposée, pour pouvoir le digérer.

C'est au contact régulier et répété de ce qui est difficile pour lui que l'atypique va développer des tactiques aussi personnelles qu'essentielles pour se dégager de ces agressions. On appelle cela « l'habituation », l'idée étant d'obtenir une diminution progressive de l'intensité comme de la fréquence des réponses d'une personne à un stimulus qui lui est présenté.

Il faut toutefois avoir conscience que ces particularités, que sont l'hypersensibilité et l'hyperesthésie, font de l'enfant atypique une indiscutable **caisse de résonance**. Cette grande acuité des émotions et des sens ne se met jamais en veille et l'épuise.

Astuces pour prévenir les trop-pleins sensoriels

Pour certaines gênes, il est possible de trouver des subterfuges faisant office de béquille.

L'ouïe : le port d'un casque à technologie dite de « réduction de bruit » est un habile escamotage de l'hypersensibilité auditive, rendue qui plus est passe-partout de nos jours chez les (pré-) adolescents, grands utilisateurs de casques audio. Toujours dans le domaine acoustique, l'utilisation de bouchons d'oreilles dans les situations critiques peut changer la vie de votre enfant. Cependant, il faut qu'il accepte de se familiariser avec, car leur port n'est pas toujours des plus naturels au début. Il faut donc prendre le temps de s'y accoutumer.

La vision : si votre enfant porte des lunettes correctrices, lui faire monter des verres photochromiques (aussi appelés verres Transitions®) pourra le soulager. Cela reste très discret et permet d'être moins affecté par la lumière blanche. Dans le cas où il n'en porte pas, les lunettes de soleil sont également une solution en extérieur, mais à déconseiller en intérieur. Il existe alors des verres teintés, pour rendre la lumière artificielle moins agressive.

L'odorat : c'est plus opaque. Voici le truc que j'avais trouvé pour éviter à mon fils, atypique de compète, de se sentir défaillir quand il était assailli d'odeurs ou quand un effluve en particulier le mettait en position inconfortable. J'avais vaporisé une fragrance qu'il aimait beaucoup et qui le rassurait sur-le-champ (en l'occurrence, mon parfum) sur un mouchoir brodé. Il gardait en permanence sur lui, dans une poche, le petit carré de tissu. Il le savait à portée de main, et au moindre incident, il pouvait le renifler et si besoin, le garder serré contre son nez, le temps nécessaire, pour faire oublier à son cerveau les émanations importunes.

EXERCICE

ÉCHELLE DE LA DOULEUR OU DE LA GÊNE

S'il est délicat pour vous d'estimer le degré de souffrance de votre enfant face à certaines situations, il lui est en revanche possible, à lui, de vous le montrer. Sur le principe de l'échelle de Wong-Baker, utilisée aux urgences et en milieu hospitalier, cette autoévaluation présente l'avantage d'être très graphique et à la portée de tous (elle est à retrouver en fin d'ouvrage, dans les feuilles détachables).

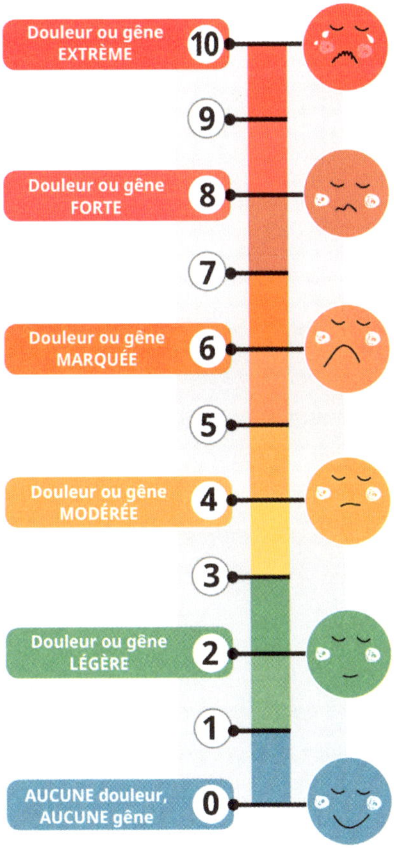

Votre enfant va ainsi pouvoir vous signifier l'état intérieur dans lequel il se trouve et pointer son seuil de douleur ou de gêne sensitive/sensorielle sur cette grille, selon les valeurs qui seront les plus accessibles pour lui en s'appuyant, au choix, sur :

- une ligne de notation allant de 0 à 10, affichant une progression en termes de couleurs,
- six visages qui s'expriment de par leur expression et leur gradation de couleurs,
- six situations présentées avec des mots, correspondant aux visages.

Gardez cette échelle à proximité, vous pouvez l'utiliser dès que vous sentez que votre enfant est en situation de douleur physique ou de détresse psychologique.

Les atypiques agités

Certains atypiques sont agités du bocal, et le monde extérieur est pour eux une intarissable source d'excitation ! L'enfant n'écoute pas les rappels à l'ordre et n'en fait qu'à sa tête. Il crie quand tout le monde chuchote, il court dans les allées des magasins, il touche à tout au musée, il se tortille sur sa chaise au restaurant, il se mêle de tout et coupe la parole ; pire qu'une **tornade**.

Ce qui n'est pas toujours drôle pour les parents ; d'autant que dans un couple, on n'a pas la même manière de réagir face à des remarques d'amis ou de connaissances qui nous sermonnent dès qu'ils en ont l'occasion : « Vous êtes bien trop laxistes », « Vous n'avez aucune autorité. » Ni très agréable pour le reste de la fratrie qui subit et a honte de se faire remarquer.

Le point de vue de...

Christian, papa de Stella, 16 ans et de Geoffrey, 14 ans

J'ai compris assez tôt que Geoffrey était différent. Plus proche de la pile électrique que du petit garçon modèle, en dehors de la maison, c'était infernal. Dans les premières années, notre cercle amical a fondu comme neige au soleil. C'est usant pour le moral, parce qu'on ne sait plus quoi faire ni quelle attitude adopter. On se sent être de mauvais parents. Et un jour le déclic s'est produit, il m'a paru injuste pour lui comme pour sa sœur de les priver de sorties. J'ai choisi de ne plus lutter contre l'impératif moteur de Geoffrey, mais au contraire de l'accepter et de l'intégrer complètement à nos activités. À chaque occasion, il est mis à contribution.

Par exemple lors d'un pique-nique, il va être en charge de la distribution des plats, puis du ravitaillement en boisson. On satisfait son besoin de bouger en le canalisant, et on le responsabilise. Il est plus constructif de lui envoyer le message « J'ai besoin de ton aide et je te fais confiance », que de lui faire les gros yeux et de le rendre responsable de sorties sacrifiées.

DE L'AFFECT PARTOUT

Les enfants atypiques fonctionnent à 300 % à l'affect, et les remuants n'échappent pas à cette règle, même si leur tempérament peut donner l'impression que ce n'est pas exactement le cas. Un enfant en bouillonnement permanent ne peut rien faire contre sa nature irritante pour bien des gens, mais il voit les messes basses et entend les discussions et les qualificatifs à son propos ! Sa grande sagacité va tendre à lui laisser croire que, s'il est le nœud de toutes les tensions à la maison, il est aussi responsable des renoncements aux sorties et aux activités en famille. Il faut donc veiller à le **rassurer**, et concrètement, à ne pas tout organiser en fonction de lui, en positif comme en négatif. Lui montrer que tout ne tourne pas autour de lui ni de son agitation, qui prend déjà tellement de place dans la cellule familiale, est précieux pour son estime de soi.

LES RELATIONS DANS LA FRATRIE

Dans une fratrie, rien n'est jamais tout noir ou tout blanc. Qu'il s'agisse de fratrie classique ou recomposée ne change rien, chaque enfant qui la constitue est différent et dispose d'une personnalité propre, mais aussi d'une position – à l'intérieur de cet ensemble – qu'il n'a pas choisie. Les **rivalités** sont bien réelles, motivées par le désir de chacun de rafler tout l'amour parental. Cette convoitise peut se résumer ainsi : éclipser les frères et sœurs pour être numéro un dans le cœur des parents. Eux aimeraient que les relations soient toujours au beau fixe, mais ce n'est bien sûr pas possible. Dans toutes les familles, il y a des affinités, des hauts et des bas, des moments de grâce et des litiges.

«Si tu différes de moi, mon frère, loin de me léser, tu m'enrichis.»
(Antoine de Saint-Exupéry)

Lorsque j'étais enfant, ma grande sœur – très douée pour le piano – était au centre de toutes les conversations. Il n'y en avait que pour elle. J'étais partagé entre la fierté d'avoir une sœur comme elle, et l'amertume d'être transparent aux yeux de mes parents avec la sensation d'être délaissé.

JALOUSIES RELATIVES À L'ATYPIE

Quand l'annonce d'une forme d'atypie tombe dans une famille, la fratrie entière doit composer avec ce nouveau paramètre. La manière dont la nouvelle sera accueillie dépend bien évidemment de chaque situation: quelle particularité? De quelle façon est-elle connue ou comprise par les parents? En quels termes sera-t-elle expliquée aux enfants? Sera-t-elle valorisée à l'extrême ou présentée sobrement? À quels frères et sœurs (quel âge, quel état psychique)? Tout cela sera décisif dans l'acceptation que l'un d'eux se démarque, officiellement.

Il n'y a aucune règle, seulement des cas particuliers. Mais frères et sœurs vivront d'autant mieux la chose, si les parents continuent de respecter une équité. Un enfant atypique est par essence très accaparant, il exige beaucoup de temps et d'attention; nonobstant, il convient de veiller à ne pas surjouer cette dimension afin de ne pas attiser un ressentiment à son égard. Cela ne ferait qu'ajouter de l'huile sur le feu et risquerait d'asphyxier les autres enfants de la famille.

> « Chaque enfant doit trouver sa place au sein de la famille, mais il ne doit pas occuper toute la place. »

Loin d'être négatives, ces jalousies entre frères et sœurs font partie intégrante de la vie, avec leur lot de peines et de joies, de coups du sort et d'opportunités. Quelle que soit la forme prise par son atypisme, un enfant hors cadre prendra plus de place dans une fratrie et deviendra en quelque sorte plus menaçant. Mais ces petites jalousies ne sont pas à sens unique. Il ne faut pas croire que les atypiques seraient des victimes, étant pour beaucoup possessifs et exclusifs. C'est un système de vases communicants.

Éviter les étiquettes

Être à l'écoute de chaque enfant de la fratrie, pas seulement quand ressortent des discordes, et faire valoir qu'il EST un être unique, qu'il soit atypique ou standard, est très important pour sa construction. Ça l'est aussi pour l'équilibre familial et la bonne entente entre frères et sœurs.

À ce titre, gare aux formules pernicieuses qui enferment ! Certains adultes s'empressent de coller une étiquette à l'enfant :

« C'est la sportive de la famille. »

« Notre petit intello ! »

« Elle n'est pas faite pour les études. »

« On en fera un scientifique. »

Attention à cet écueil qui peut entraver. Grandir c'est explorer, découvrir et s'ouvrir au monde. Si on nous assigne dès le début une identité ou une place, cette marque indélébile rendra l'exploration plus difficile, pour peu que l'enfant ressente de la culpabilité à ne pas être ce que l'adulte lui indique attendre. Sera-t-il encore aimé s'il ne correspond plus ? Par ailleurs, ces slogans péremptoires provoquent aussi la gêne et le découragement des frères et sœurs quant à ce domaine réservé qu'on leur signale comme un territoire interdit.

« Les enfants n’ont pas besoin d’être traités tous pareil
mais d’être traités chacun spécialement. »
(Adele Faber et Elaine Mazlish)

Le cas de l’enfant unique

De toutes les configurations familiales possibles, celle de l’enfant unique est sans la moindre hésitation celle qui véhicule le plus de clichés. Qui n’a jamais entendu ces terribles prophéties : il sera pourri gâté, il deviendra un enfant roi, avec une pointe de mélodrame dans l’air ?

L’enfant unique atypique n’a pourtant pas ce profil, à bien y regarder. On arguë qu’il n’aurait personne contre qui se mesurer, mais à moins d’être un enfant dont la famille vit sur une île dépeuplée, n’avoir ni frère ni sœur ne signifie pas vivre coupé du monde ou évoluer dans un huis clos.

Pour un enfant hors norme, grandir en étant le seul enfant de la famille peut booster l’*ego*, à la manière d’un ferment de l’estime de soi. Ce sont, dans la plupart des cas, des enfants qui se sentent bien parmi les adultes et qui aiment échanger d’égal à égal. Ils ont inventé bien avant l’heure le concept d’égalité sociale !

“ Fratrie ou enfant unique, la règle d’or de l’éducation bienveillante réside dans le respect de chacun. ”

EXERCICE

BANNIR LES MOTS QUI BLESSENT

L'enfant ne doit pas être confondu avec ses particularités. Il est né comme ça et il est lui-aussi une victime de cette effervescence qu'il ne peut contrôler. En tant que parent, il nous appartient de faire de notre mieux pour ne pas le dévaloriser, même lorsque nous sommes à bout, fatigués ou agacés. Ce qui n'est pas toujours réussi, parce qu'être parent est difficile.

Ne nous leurrons pas, il est arrivé à chacun d'entre nous de déraper verbalement sous le coup de la colère, de la peur ou de la fatigue. Mais il ne faut pas sous-estimer la violence d'un « Mais qu'est-ce que j'ai fait pour mériter un enfant comme ça ? », qui peut faire bien des ravages.

C'est pourquoi mieux vaut éviter de réagir à chaud, cela empêche de tomber dans les mots qui blessent. Ces mots humilient et cassent l'enfant bien plus sûrement qu'ils ne lui permettent de se construire une image positive et réelle de lui-même. Ce sont ceux qui lui feront sentir qu'il est nul, et ne vaut rien.

Pour grandir, un enfant a besoin de recevoir de l'amour et de la bienveillance de la part de ses parents, même dans les moments les plus durs ou les plus tendus.

Chaque phrase en rouge agit comme un poison insidieux, pourrissant lentement l'enfant à qui elle a été balancée. En vous inspirant des phrases en vert, réfléchissez aux conséquences de paroles de ce genre et exercez-vous à compléter le reste du tableau.

AU LIEU DE…	PRÉFÉREZ…
Mais remue-toi !	Je vois que tu n'as pas très envie de le faire, mais il faut essayer.
Tu es méchant.	Dis-moi ce qui te met en colère ou te rend triste, et je ferai tout pour t'aider.
C'qu'il est bête !	OK, tu as pu vérifier que ça ne marchait pas ainsi, maintenant c'est mon tour. On essaie à ma manière si tu veux bien.
Tu obéis, un point c'est tout.	
En quelle langue je dois le dire pour que tu obéisses ?	
Argh ! C'est pas possible d'être aussi empoté.	
Toi qui es soi-disant si intelligent(e)…	
Tu n'y mets aucune bonne volonté.	

LES SENS EN ÉMOI

Les repas

La vie quotidienne n'est pas de tout repos avec un jeune atypique. Le temps des repas arrive certainement en tête de liste des grands moments de solitude vécus par les parents d'enfants hors norme. La première difficulté majeure consiste à faire décrocher le jeune atypique de son occupation. Il y a de quoi s'arracher les cheveux, surtout quand la mauvaise blague se répète jour après jour : arrive un moment où l'on craque, parce qu'on aimerait bien ne pas avoir à s'égosiller et qui sait, une fois de temps en temps, réussir à manger chaud sans fulminer.

J'AIME PAS...

Les spécificités alimentaires varient d'un enfant à un autre, comme les raisons de ces originalités. Certains ne ressentent pas la faim ou ne reconnaissent pas la satiété, certains se montrent bien trop sélectifs, d'autres ne le seront pas assez. Parmi ces atypiques dont les spécificités sensorielles ont des répercussions sur leur alimentation, certains :

- ont des **rituels**, comme manger séparément chaque aliment sans qu'il touche l'autre dans l'assiette ; des rigidités alimentaires qui leur font suivre un planning précis ;
- une conscience militante les amenant à être bios, végétariens, végétaliens, d'autres ne mangent jamais de viande parce qu'ils n'aiment pas tout ce qui a une texture caoutchouteuse ;
- certains ont une aversion pour une couleur, une odeur, d'autres seront sélectifs sur la forme, la consistance ou la manière de préparer un aliment.

EXERCICE

OPTER POUR UNE APPROCHE PARALLÈLE

« La légende raconte qu'un jour un enfant est venu à table après avoir été appelé une seule fois. » @KwesMat

Vous ne supportez plus les « J'arriiiiiiiive » et les « Deux secondes » qui durent quinze bonnes minutes, avec dix rappels à vous faire devenir aphone pour la semaine entière ? Vous êtes arrivé à saturation ? Croyez-bien que je compatis !

1re étape : identifiez au fond de vous ce qui vous agace le plus dans cette affaire et notez-le ci-dessous.

Raison n°1 ....

....

....

....

Raison n°2 ....

....

....

....

Raison n°3 ....

....

....

....

2e étape : cassez les habitudes et soyez un parent inventif. Par exemple :

- décalez les horaires ;
- suggérez un repas pris dans une autre pièce (un plateau-repas devant la télévision, un sandwich avec salade dans le jardin si la saison d'y prête) ;
- proposez-lui en amont (le matin même par exemple) de participer à la préparation.

3e étape : contournez ce qui fait obstacle afin qu'il vienne manger dans un délai qui vous semble raisonnable.

À NE PLUS FAIRE / À ÉVITER	À REMPLACER PAR
Ne hurlez plus à travers la maison ou l'appartement, cela ne sert à rien de toute évidence (sans quoi nous n'en serions pas là…).	Déplacez-vous, tapez à la porte de la pièce dans laquelle il se trouve (même si c'est un petit atypique) et allez le voir (on ne parle pas depuis le pas de la porte ou le couloir, on va proprement au-devant de lui).
Ne lui tapotez pas l'épaule, ou pire, la tête ! Certains atypiques sont immensément perturbés par ce type d'entrée fracassante dans leur monde. Ils sursautent et ressentent alors une grande colère, ce qui n'aidera pas pour la suite de votre manœuvre (si, pour vous, le toucher est une mise en relation, pour lui, cela peut être perçu comme un acte violent et envahissant).	Mettez-vous à sa hauteur pour lui parler en face à face (accroupissez-vous, ou prenez une chaise, un tabouret, posez-vous sur un bout du lit s'il est allongé).

STOP	GO
Ne l'appelez pas de but en blanc pour venir manger, là, tout de suite, maintenant (parce que c'est prêt, que c'est chaud et que l'on attend plus que lui), avant d'être en colère qu'il ne s'exécute pas. Exiger qu'il rapplique dans la seconde est utopique (et perdu d'avance avec un atypique, souvent TRÈS absorbé par ce qu'il fait).	Préparez le terrain et fractionnez ce temps durant lequel il va devoir se mettre en mouvement. Je vous conseille vivement d'utiliser les fonctions d'alarme de votre smartphone (ou du sien), qui sont d'une aide précieuse avec les atypiques de tout poil. Expliquez-lui le principe, de façon à ce qu'il prévoie la chose dans sa tête : une première alarme à 19h55 par exemple va lui indiquer qu'on mange dans cinq minutes. Puis une autre à 19h58 lui rappelle qu'il est l'heure de fermer sa session de jeu ou de suspendre son jeu, sa lecture. Et enfin à 20h, il est parti.
Ne grognez pas, tout n'est peut-être pas si clair pour lui. Il n'est pas dans votre tête, et n'a possiblement pas conscience des attentes que vous nourrissez, de ce que vous jugez acceptable ou non en matière de délai. Et puis il n'a sans doute pas la notion du temps qui passe.	Énoncez des règles simples. Faites court et soyez concret, ne vous perdez pas dans une discussion philosophique sur les bienfaits de manger à peu près chaud, sur le respect que l'on doit à ses parents, sur le temps qu'il vous fait perdre avec tout ça. Pas de chichis.

Quand les questions relatives aux habitudes alimentaires du jeune occupent une place centrale dans la famille et que chaque repas pris ensemble est l'occasion d'une rafale de remarques sur ses manies, il peut préférer s'y soustraire. Même dans la cellule familiale, manger autour d'une table est un acte éminemment social et relationnel qui peut éprouver certains atypiques.

Le point de vue de...

Flavie et Hippolyte, parents de Mélissa, 10 ans

Mélissa est extrêmement difficile. Elle nous dit ne prendre aucun plaisir à manger et ingurgiter des aliments par stricte nécessité. Le risque de carences nous a rapidement inquiétés, c'est pourquoi nous avons cherché à rendre le temps des repas moins irrespirable pour elle. Nous lui avons confectionné un pare-vue de table, autant pour limiter les stimuli autour d'elle que pour lui épargner de se sentir observée. Nous privilégions les repas avec très peu de convives, dans une ambiance feutrée grâce à des patins placés sous les chaises. Et nous lui proposons des choses, mais sans jamais insister ni presser.

Lâcher prise

Ce n'est pas tous les jours facile d'avoir un enfant qui se démarque côté alimentation. Cela donne des repas compliqués, avec des menus surmesure. Ces extravagances ont un impact sur les relations sociales de l'enfant, comme de la famille tout entière. Dans l'entourage, certains estimeront que les parents ont tort d'encourager ces tocades. Pourtant, ça n'en est pas. Ces différences perceptives sont réelles, et doivent être respectées. Plus les parents se polariseront sur ces conduites, plus l'atypique le vivra mal. Ses particularités sensitives et sensorielles ne lui permettent pas d'avaler tout ce qui odorant ou trop goûtu ? OK. Son palais n'admet que des aliments neutres ? Très bien. Il ne se nourrit que de velouté de quatre légumes, été comme hiver ? Soit. C'est embêtant pour vous, pour la famille... mais l'est-ce tant que ça pour lui ? Évolution il y aura, c'est certain. Mais elle se fera à pas de fourmi. Et secouer votre enfant ne le fera pas avancer plus vite.

L'habiller malgré une sensorialité exacerbée

Côté vêtements, les cols-roulés sont trop mous et collants, et puis ils lui donnent l'impression de l'étrangler, les pulls en laine (même les plus moelleux) le démangent, les chemises sont accusées d'avoir une texture trop rêche, les jeans ont le défaut d'avoir des zips qui crissent, et les pantalons de ville ont celui d'avoir des boutons qui dépassent et qui appuient sur sa peau. Côté chaussures, il délaisse la paire rutilante que vous lui avez achetée au profit de ses vieilles pompes usées jusqu'à la corde. Parce qu'elle est trop étroite, ou trop anguleuse. L'odeur du neuf l'incommode, et ça le gêne au point de ne plus penser qu'à ça.

VAINCRE LES ÉTIQUETTES QUI GRATTENT

Qui n'a jamais entendu cela ? Les atypiques ont une obsession : les étiquettes des vêtements. Ils les ont en horreur. Leur peau est excessivement sensible et tout ce qui grattouille les rend dingues. La solution semble toute trouvée : il n'y a qu'à couper. Si seulement... Il est difficile de satisfaire un hypersensible sensitif ! Même coupé à ras, le plus minutieusement possible, le riquiqui bout d'étiquette qui reste continue à irriter sa peau.

On essaie donc, un peu naïvement, la technique du *décousage* au coupe-fil. Parce que la dernière fois qu'il s'est mis en tête de virer lui-même, en cachette, les étiquettes gênantes de ses T-shirts, votre atypique vous a laissé de jolis petits trous en lieu et place de ces saletés d'étiquettes. Ça ne change rien : il sent toujours l'étiquette, les restants, et même les traces de fil, les plis de la couture et se tortille inlassablement.

Ça gratte, ça pique… et ça reste dans la penderie

Votre atypique vous fatigue avec ses exigences ? Il est casse-pieds, c'est certain, mais dites-vous bien que si vous ne tenez pas compte de ce qu'il ressent, il ne mettra pas les vêtements qui l'indisposent. Voici quelques conseils à essayer !

- Préférez le naturel au synthétique, comme du 100 % coton pour les T-shirts (mais évitez la laine, qui pose toujours problème).
- Choisissez des vêtements aux coupes amples et souples.
- Préférez les tissus molletonnés aux aspects rugueux ou cartonnés.
- Les coutures des sous-vêtements sont souvent problématiques aussi, mais il en existe sans couture.
- Le drame des coutures de chaussettes trouve lui aussi une solution : il suffit de les retourner.

Chaque atypique a ses propres critères d'acceptabilité. Certains préféreront un pantalon en velours plutôt qu'un jean, quand d'autres auront une phobie du velours et de tous les tissus *peau de pêche*.

ÇA COINCE À LA MAISON

Patatras !

Dans la maisonnée, c'est un son que l'on entend plusieurs fois par jour. Votre atypique renverse tout, il casse tout. Les assiettes, les verres et les téléphones lui filent entre les doigts et ne lui résistent pas. Lorsqu'il se sert à boire, il y a en a partout. Boutonner ses chemises lui prend dix minutes. Apprendre à nager fut une épreuve. De par sa **maladresse** appuyée, il n'est pas rare qu'il perde l'équilibre ou se blesse. Il gère plutôt mal l'espace et se fait des bleus en entrant en collision avec les angles des meubles. Dans un contexte effrayant ou de souffrance sensorielle (lors de sorties, parmi une foule), il tamponne les gens et semble paumé. Il faut savoir que chez certains atypiques, les coordinations sensori-motrices sont à la traîne.

Nœuds et doubles nœuds

Ne pas savoir faire ses lacets au collège ou au lycée n'est pas indispensable pour grandir et s'épanouir. Mais cela peut être mal vécu à cause de persiflages, et votre enfant pourra en avoir honte et s'autodévaloriser. Pourtant, il ne faut pas faire un drame de petites choses de ce genre, en décalage chez votre atypique. Au contraire, affairez-vous à trouver des alternatives, en attendant que ça vienne. Soyez sûr que votre enfant fera l'acquisition de cette « compétence » (toute relative) quand, du côté praxique, il sera prêt et que le déclic se produira.

Dans l'immédiat, il existe dans le commerce des lacets tortillons ou encore des clips autobloquants vraiment fabuleux qui règleront la question et permettront à l'enfant d'avoir l'esprit tranquille, débarrassé de l'angoisse d'être démasqué.

Attention, ces difficultés peuvent à la longue plomber le moral du jeune atypique, amené à se croire maudit ou poissard. Il faut être magnanime et surtout, ne pas l'accabler. Rassurez-le, expliquez et dédramatisez. Méfiez-vous également des réactions et des remarques de l'entourage quand ce dernier n'intègre pas la notion de handicap invisible. Des phrases telles que « Et alors ? Tu ne sais pas te servir à boire tout seul ? » ou « Tu n'es pas dégourdi pour ton âge » constituent un véritable travail de sape.

Il tourne en boucle

Les atypiques sont des êtres passionnés : l'affectif est partout. Ce qu'ils aiment, ils l'aiment démesurément, ce qui les chagrine ou les inquiète les chamboule avec la force d'une tempête, ce qui les questionne les empêche de tourner la page, et ce qui les émeut les marque au fer rouge. Aussi lorsqu'on met cette nature en relation avec un autre de leurs attributs qu'est l'hyperverbalisation (dont je vous parlais dans le deuxième chapitre du livre), le résultat est détonnant !

UN CARACTÈRE OBSESSIONNEL

Le caractère obsessionnel des atypiques prend aussi une tournure moins sympa pour les parents : **l'art de la négociation**. Il faut être clair, l'enfant atypique ne lâche jamais rien ! Quand il discute quelque chose (l'assouplissement d'une règle, une faveur ou quoi que ce puisse être), vous pourrez opposer ce que bon vous semble, il trouvera la parade et reviendra à la charge, sans jamais se décourager. Ses arguments seront parfois tirés par les cheveux, mais ils exigent malgré tout une réponse de votre part. Car c'est ça son objectif : vous obliger à entrer dans ce jeu dont il sait très bien qu'il sortira vainqueur par KO. Cela peut prêter à sourire, mais pour qui l'a déjà vécu, ces assauts répétés sont vraiment très durs à vivre au quotidien. Le parent-cible est très vite horripilé par ces pourparlers perpétuels.

Ces manœuvres sont le revers de la médaille de l'**éloquence**. Dans ce domaine, les petits atypiques excellent tous, sans exception, en mettant intuitivement à profit leurs qualités. Les « Stop ! », « N'insiste pas », « On en reparlera dans quelques jours si tu veux bien » et autres « Là tu me fatigues » n'ont aucune prise sur eux. Et puis, on ne va pas se mentir, ils savent qu'ils vous auront à l'usure…

Une crise d'adolescence avant l'heure ?

On peut avoir le sentiment d'être face à un ado bien avant l'heure, alors que l'enfant atypique n'a même pas 7 ans. Pourtant, cela n'a rien à voir avec une crise d'adolescence qui va toucher (selon des degrés divers, mais toujours avec la même origine) tous les jeunes entre *grosso modo* 12 et 20 ans. On parle ici d'une difficulté qui s'exprime spécifiquement chez les atypiques, mêmes les plus jeunes, et surtout qui est sans lien avec les changements hormonaux liés à la puberté.

C'est la raison pour laquelle il ne faut surtout pas agir comme si vous étiez en présence d'un mini (pré-)ado, et toujours garder à l'esprit que c'est un enfant, aux besoins affectifs de son âge en dépit d'une brillance particulière. De par cette atypie, il a un sempiternel besoin de s'assurer que vous êtes fiable, et que vous savez poser des limites sur lesquelles il peut s'appuyer.

BON À SAVOIR

ET LES ADOS, ALORS ?

Selon une étude américaine publiée en 2014, il est inutile de crier sur votre adolescent, son cerveau ferme les écoutilles ! Des chercheurs en neurosciences des universités de Harvard, Pittsburgh et Berkeley ont découvert qu'en situation de reproches émis par un de leur parent, le cerveau des ados manifeste une plus forte activité dans les zones cérébrales associées aux émotions négatives, mais aussi une activité réduite dans celles associées à la régulation des émotions et à la compréhension du point de vue d'autrui. Le résultat montre que le jeune devient incapable de retenir sa colère et ne perçoit plus les raisons de la critique. En clair : la communication ne passe plus, c'est physiologique.

L'endormissement délicat

« Maman, pourquoi on a des émotions ? » En voilà une chouette question posée juste au moment où l'on éteint la lumière de la chambre. Votre atypique est supposé dormir, mais il n'arrive pas à fermer l'œil. Alors tout est bon pour vous retenir : il veut une dernière histoire (vous lui en avez déjà lu deux), il veut boire, puis demande à aller aux toilettes. Et quand il a épuisé tous ces stratagèmes, il sort son arme secrète : les questions qui ne peuvent pas attendre. Il n'existe pas d'interrupteur pour stopper les pensées. Cette **surcharge cognitive** est le nœud du problème : il est impossible d'arrêter cette machine à réfléchir, qui devient au moment d'aller se coucher vraiment trop envahissante. Les idées abondent, mais aussi les angoisses. L'enfant voudrait pouvoir couper les vannes, et n'y parvient pas. Ce qui fait naître encore plus de pensées. Par association d'idées, en sautant de l'une à l'autre, il en arrive à s'inquiéter, à se faire peur avec des scénarios catastrophes. Ne pas réussir à baisser la garde, à abandonner cette **hypervigilance** l'empêche de trouver le sommeil (souvent très léger, et qui peut aussi être retardé par le plus petit bruit, le moindre point lumineux).

Rituels du soir

Votre atypique a la sensation d'avoir dans la tête jour et nuit un hamster qui s'affole dans sa roue ? Il pense tout le temps et ça le consume, au point d'avoir du mal à fermer les yeux le soir. Les petits rituels aident à prendre de bonnes habitudes.

- **Ne montrez pas d'impatience** et prenez le temps de respecter cette routine (l'idée est de sécuriser votre enfant, pas d'expédier le coucher).
- **Choisissez une heure adéquate** (selon l'âge de votre loustic et ses besoins en termes de temps de sommeil) et gardez-la.
- **Tous les soirs, lisez-lui une histoire**. C'est un point important de la routine du coucher, même s'il sait déjà lire. Profitez-en dans ce cas pour partager ce plaisir et lire à tour de rôle un paragraphe ou une page de l'histoire.
- **Réservez du temps pour des moments parent/enfant**, qui peuvent être l'occasion d'appliquer certains exercices du livre.
- **N'excédez pas vingt minutes** avant l'extinction des feux. Prévenez votre enfant de ce temps alloué au rituel afin qu'il puisse se le représenter intérieurement.

BON À SAVOIR

L'ENNEMI JURÉ DE L'ENDORMISSEMENT

La lumière bleue est la partie la plus énergétique de la lumière. Elle est générée par nos écrans de smartphones, tablettes et ordinateurs qui fonctionnent aux LEDs, et elle perturbe atrocement les capacités d'endormissement, notamment des plus jeunes dont le cristallin n'est pas encore mature. En passant du temps devant un écran au coucher, la lumière bleue va troubler le message envoyé au cerveau par la mélatonine, et reporter le sommeil d'une heure, selon une étude menée des chercheurs britanniques du King's College de Londres et de l'université de Surrey.

LES DEVOIRS À LA MAISON

La routine des devoirs après l'école peut vite générer des frictions et devenir un enfer pour les parents, certes, mais surtout pour votre atypique. Au menu : angoisses, disputes, opposition, blocages... Mieux comprendre pourquoi une telle situation s'installe et mettre en place quelques astuces vous aidera à y remédier.

UN COMBAT QUOTIDIEN

La journée scolaire d'un enfant atypique peut être longue et douloureuse, d'autant que les élèves ont beaucoup de devoirs. Voilà qu'on lui demande de s'y replonger, à peine rentré chez lui. Cette situation conduit inexorablement à des crises, puisque les parents insistent, et que l'enfant, en retour, s'enferme dans son refus ou y met toute la mauvaise volonté possible.

Check-list pour des devoirs au calme

Il suffit de petits ajustements pour changer du tout au tout une situation qui semblait verrouillée.

- **Optez pour un modèle fixe** sur le principe «retour à la maison – goûter – devoirs». S'y intercalent, selon les habitudes de la famille, le repas, la douche, etc. Mais dans tous les cas, respectez ce tiercé gagnant de départ, et ensuite seulement autorisez le jeu, les divertissements, les loisirs, la détente.

- **Lâchez prise**, pas d'hystérie face aux devoirs, et surtout pas de violence, ni verbale, ni physique. Les pichenettes, les beignes, les fessées ou les insultes n'ont JAMAIS aidé un enfant. Au mieux ça défoule les parents, mais dans ce cas, il est alors bon de faire un peu d'introspection pour en comprendre l'origine.

- **Proposez de manière dirigée.** Par exemple, au lieu de demander: «À quelle heure vas-tu faire tes devoirs?», formulez-le de manière plus fermée, de façon à diriger votre atypique vers un choix limité: «Tu préfères faire tes devoirs avant ou après la douche?» ou encore: «Tu me récites tes leçons avant ou à la fin des devoirs?»

- **Restez ferme sur les points non négociables.** Si le cours est su, pas de problème, il n'y a pas à le «réapprendre». En revanche, les devoirs écrits sont incontournables. Qu'il s'agisse d'exercices, de préparations d'exposés, de devoirs maison, ils n'ont rien de facultatifs. Le travail donné par les enseignants doit être fait.

- **Ne fixez pas de temps réglementaire.** Si votre atypique a fini en dix minutes (en faisant vraiment ce qu'il avait à faire, pas en affirmant «C'est fait» alors que ce n'est pas vrai, ou que le travail est bâclé), il ne sert à rien de lui imposer de travailler une heure par principe. Certains atypiques sont très lents, d'autres plus véloces.

- **S'il sait, n'insistez pas!** Le but des devoirs est de consolider ce qui a été vu en classe, pas de faire de la vie de l'élève un enfer.

Le mythe des facilités qui s'estompent

Quand ce n'est pas le jeune qui a l'impression de ne plus être aussi doué qu'auparavant, c'est l'un de ses parents qui se questionne. La croyance des facilités qui n'existent qu'un temps est vivace. Pourtant ce n'est pas le cas, rien ne s'évapore en grandissant.

En revanche, il faut absolument apprendre tôt à l'enfant à se confronter à la difficulté. Bien des atypiques ont de grandes facilités dans un ou plusieurs domaines ciblés. Dans cette ou ces sphères-là, tout est facile pour eux : ils sont capables d'aller bien plus loin que les enfants standard de leur âge. Le niveau est par conséquent placé plus bas que le leur, en rapport avec la moyenne du plus grand nombre d'enfants. Si cette ou ces sphères rencontrent des compétences scolaires, ils vont réussir à l'école sans effort.

> « Atypique un jour, atypique toujours ! »

Or ne triompher que dans ces conditions, sans livrer bataille ou buter, n'est pas un cadeau à leur faire. Pas plus qu'accepter qu'ils prennent la poudre d'escampette dès que les choses leur résistent un tant soit peu, car viendra un moment où il leur faudra aller au-delà de ces facilités originelles. Dans leurs études, parce que les attentes scolaires évoluent à mesure que l'on avance. Les autres élèves auront eu tout loisir d'apprendre à travailler dur pendant les années d'aisance nonchalante des atypiques. Mais aussi dans la vie de tous les jours, parce que sans avoir jamais été confrontés au besoin de transcender l'adversité, ils risquent de rester à quai, sans comprendre ce qui bloque. Mieux vaut donc avoir intégré que, si rien ne s'estompe, tout se travaille.

Prenez les musiciens ou les sportifs en exemple, et demandez à votre atypique s'il pense qu'ils sont forts, dans leur discipline respective sans effort ? Ou s'ils s'entrainent, apprennent longuement, trébuchent et perdent parfois, avant de s'améliorer ?

QUIZ

LE GOÛT DE L'EFFORT

Saurez-vous reconnaître ce qui va renforcer ce fameux goût de l'effort ?

1. Le goût de l'effort s'acquiert :

A. Face à un véritable défi, quelque chose qui va demander à s'accrocher

B. En aidant aux tâches ménagères

C. En faisant méticuleusement ses devoirs

2. Pour développer ce goût de l'effort, on peut proposer à l'enfant :

A. L'apprentissage d'un instrument de musique, ou d'un sport

B. Une récompense s'il ramène de bonnes notes

C. D'être serviable et sage en classe

3. Mais si l'enfant se décourage et dit qu'il en a marre ?

A. C'est tout l'intérêt de chercher à le stimuler : apprendre à persévérer

B. Tant pis pour lui, c'est son problème

C. Les autres enfants ne s'en préoccupent pas, ça ne doit pas être si important

4. Le but d'apprendre ce goût de l'effort, c'est quoi ?

A. Éviter l'ennui puis le décrochage scolaire en fixant des objectifs ambitieux dans un cadre autre que l'école

B. J'avoue que je n'en sais rien

C. Pouvoir choisir son orientation en fin de troisième

5. Le goût de l'effort peut-il se travailler dans la joie ?

A. Bien sûr ! Cet effort – quel que soit le domaine dans lequel il est éprouvé – doit générer plaisir, satisfaction et fierté chez l'enfant pour porter ses fruits

B. Moi je ne veux pas le forcer, l'essentiel est qu'il s'amuse

C. Non, il faut que l'enfant en bave sinon il n'apprendra pas vraiment

RÉSULTATS

Vous obtenez une majorité de A : vous avez saisi, bravo ! Acquérir le goût de l'effort, c'est apprendre à s'accrocher et donner du sens. Expérimenter là où il n'y a pas de gros enjeu pour comprendre que tout ne tombera pas du ciel ni ne sera apporté sur un plateau d'argent.

Vous obtenez une majorité de B : non, le goût de l'effort ne passe pas par des corvées. L'enfant va devoir être mis en face d'un challenge personnel, selon ce qui l'attire, par la musique, par le sport, par l'apprentissage d'une langue étrangère : tout ce qui va lui demander de fournir de réels efforts pour progresser.

Vous obtenez une majorité de C : il y a encore un peu de travail. Faire ses devoirs, être agréable et poli en classe sont des fondamentaux de l'élève. C'est très bien si votre atypique le fait, mais ça n'a pas grand rapport avec le goût de l'effort dont je parle juste au-dessus, pour les majoritaires des réponses B.

LES RELATIONS INTRAFAMILIALES

Tous les enfants ont besoin d'être cajolés, mais les atypiques ont un gigantesque besoin de s'assurer qu'ils sont effectivement aimés et reconnus dans leurs spécificités. En Occident, nous sommes de plus en plus nombreux à privilégier une éducation humaniste qui respecte les droits et la personnalité de l'enfant, dans une considération empathique et non-jugeante. Les relations intrafamiliales ne sont pas toujours évidentes quand on a un enfant qui sort du lot. Entre incompréhensions et jalousies, cela peut quelquefois virer à l'affrontement quand tous ne partagent pas les mêmes concepts éducatifs. Les mythes ont la peau dure : « elle veut se faire mousser », « ils vivent par procuration ce qu'ils n'ont pas connu ». Quand les jugements hâtifs et les conseils au doigt mouillé s'enchaînent, les parents d'enfant(s) atypique(s) passent un sale quart d'heure : « Oh de nos jours tu sais, quand on écoute les parents, tous les enfants sont hors norme. »

Alors rien de bien nouveau dans ces préjugés. On les ramasse déjà à la pelle parmi les connaissances ou à l'école. Cependant ici, ça touche plus durement parce qu'on attend tous instinctivement une bienveillance dans l'espace protégé qu'est la famille.

LE POINT DE VUE DE…

Aure, maman de Côme, 12 ans, Isaac, 9 ans et Fleur, 4 ans

Mes enfants posent des questions sans arrêt et interviennent librement dans les conversations, ce qui a le don d'agacer prodigieusement ma sœur, fervente partisane d'une éduction rigoriste dans laquelle l'enfant est un subordonné. Nous avons des points de vue diamétralement opposés, et j'ai beaucoup de mal à supporter ses allusions à mon prétendu manque de fermeté. C'est harassant de devoir se justifier à chaque fois, et plus encore de recevoir des conseils jamais demandés. Je ne supporte plus les « Tu devrais leur serrer la vis ». Là où je vois des enfants pleins de vie et d'enthousiasme, elle voit des gosses odieux à qui on n'a pas su dire « non ».

UN VIVIER D'ATYPIQUES

Les relations dans la famille peuvent également représenter une bouffée d'air, un soutien, une béquille pour les parents d'enfant(s) atypique(s). Parce que la prise de conscience des particularités de son enfant est souvent vécue comme un choc, qui bouleverse la plupart des certitudes que l'on avait jusqu'alors, le réconfort se trouve pour certains du côté de leur famille. Ces différences désormais repérées sur l'enfant rappellent parfois beaucoup aux grands-parents ce qu'ils ont eux-mêmes traversé en tant que parents, avec le papa ou la maman de leur petit-fils atypique. C'est apaisant de savoir que dans la famille d'autres sont comme ça, partagent les mêmes facilités, les mêmes difficultés, les mêmes besoins.

BON À SAVOIR

L'ATYPIE SERAIT-ELLE HÉRÉDITAIRE ?

L'hérédité est la transmission de caractéristiques précises d'une génération à la suivante, selon un déterminisme génétique ; **l'héritabilité** est une mesure statistique, quantitative et toujours basée sur une population donnée. Il ne s'agit pas d'un cas individuel, mais toujours d'un ensemble de personnes. Autrement dit, l'héritabilité concerne un échantillon statistique qui définit la part de l'inné et de l'acquis. Une étude menée sur plus de 78 000 personnes (22 mai 2017 *Nature Genetics)* a identifié cinquante-deux gènes, dont quarante inconnus jusqu'à cette date, associés à l'intelligence. De même que pour l'intelligence de façon générale, il y a bien une composante génétique importante dans les formes d'atypie présentées dans ce livre (autant du côté des troubles, que du haut potentiel intellectuel). Mais on parle bien de caractère d'héritabilité, et non d'hérédité.

L'enfant qui soûle

Il est choupi, il est **touchant** et parfois même, impressionnant. Un vrai **charmeur**… mais qu'est-ce qu'il parle ! C'est en substance que ce disent les personnes qui vivent auprès de jeunes atypiques. C'est une constante : ils ne savent pas se taire et parlent non-stop. Au cinéma, au théâtre ou au musée, ils expriment ce qu'ils ressentent, et rien ne leur échappe. Ils remarquent le plus petit détail et veulent en faire part sur le champ. Ils peuvent discourir sans jamais s'arrêter, au point d'oppresser leur interlocuteur et de l'empêcher de réfléchir dans sa tête. Car même s'ils sont fabuleux, vifs, drôles, au bout d'un moment, ils deviennent **soûlants**.

Même pour un parent bienveillant et positif, il est des moments où la logorrhée non cadrée d'un atypique est invivable. Il faut être honnête et le lui dire, en expliquant que c'est un instant où l'on a besoin de silence et de repos. Attention, ne lui donnez surtout pas le sentiment que c'est sa présence qui énerve. Il est important qu'il fasse le distinguo entre son comportement, qui peut se réguler en apprenant, et lui, que vous aimez dans tous les cas.

Parler ne veut pas dire communiquer

Communiquer, ce n'est pas aligner des mots. Il y a certes une composante langagière et linguistique (de ce côté-là, les atypiques sont souvent au top), mais à laquelle s'ajoutent deux autres dimensions, celles-ci couramment zappées par nos chers petits : la **dimension sociale** (respect des règles, moment approprié) et la **dimension pragmatique** (où va mon discours ? a-t-il un objectif réel ? intéresse-t-il ?).

Avant toute chose, votre atypique doit comprendre et accepter que non, on ne peut pas parler partout. Tout le monde doit respecter cela, autant les enfants que les adultes. C'est un peu compliqué à expliquer, parce qu'il n'y a pas de règle. Lui dire « On ne parle pas dans les lieux publics » serait insuffisant et imprécis. Mieux vaut donner des exemples !

À la manière des exemples donnés, complétez ce tableau avec votre enfant.

STOP **Dans certains endroits, il faut s'abstenir de parler (même chuchoter sera perçu comme une nuisance)**	GO **Alors que tu peux parler**
Dans une bibliothèque	Dans un parc
Dans une salle de cinéma pendant le film	À la récréation
En classe	Dans un autocar
....	....
....	....
....	....

Voici cinq règles qui pourront aider votre enfant à avancer doucement vers une capacité à parler, sans saturer, les gens autour de lui :

1. Je ne peux pas monologuer : communiquer, c'est dialoguer.

2. Je ne peux pas ignorer les petits signaux d'impatience chez l'autre.

3. Je ne peux pas interrompre quelqu'un qui a déjà la parole. Pour savoir si c'est mon tour de parler, je peux compter deux secondes après le dernier mot prononcé par la personne qui parlait jusqu'à présent. Avec la règle empirique américaine, il me suffit de dire dans ma tête « Un Mississippi, Deux Mississippi » et hop, les deux secondes seront passées !

4. Je ne peux pas parler à quelqu'un qui est déjà au téléphone, ou en tête à tête avec un autre.

5. Je ne peux pas faire comme si de rien n'était quand quelqu'un me demande de me taire.

Ange et démon

Tout le monde vous chante les louanges de cet enfant si accommodant, et vous vous demandez si l'on parle bien de votre petit monstre adoré ! Vous vous mettez en quatre pour lui et le petit ingrat se montre sous son plus beau jour à l'extérieur et vous réserve, à vous, le mode « portes qui claquent et ronchonnements ». Incroyable ? Pas tant que ça : vous êtes sa figure d'attachement primaire[12], c'est-à-dire la personne qui va s'occuper de l'enfant de manière privilégiée et lui permettre de grandir en toute sécurité. Vous êtes celle qui sera, quoi qu'il arrive, un inépuisable réservoir de réconfort, celle vers laquelle il reviendra en confiance, après ses explorations du monde.

LE RÉFLEXE ARCHAÏQUE

L'explication tient en deux mots : réflexe archaïque. L'homme est un mammifère comme un autre ; à ce titre, l'attachement est un réflexe, comme la succion ou la préhension. À sa naissance, le petit humain est entièrement dépendant de son entourage proche. Son instinct va lui souffler de ne jamais exprimer sa détresse en dehors de ce petit cercle de confiance, car cela le rendrait vulnérable. Un enfant qui ne bouge pas une oreille chez ses grands-parents ou sa nourrice fait montre de ce réflexe archaïque. Il n'en a pas conscience (c'est le principe du réflexe), mais en dehors de sa figure d'attachement primaire, tout ce qu'il va exprimer va être un peu contenu. Même vis-à-vis des figures secondaires, il y aura des différences. Cela explique pourquoi votre atypique est aussi insistant auprès de vous sur son insoutenable ennui en classe, avant de devenir muet comme une carpe devant son instit' qui vous répond : « Mais non, tout va bien pour Timothée, il m'a l'air épanoui cette année. » Ne présenter aucune fragilité, aucune émotion qui risquerait de le mettre en danger est inscrit dans son ADN. Et puis n'oubliez pas, c'est un authentique témoignage d'amour envers vous, sa figure primaire.

12 Issue de la *théorie de l'attachement*, du psychiatre britannique John Bowlby.

Loyauté

Idéaliste

Passionné

4
Les relations des enfants atypiques

Solitude

Naïf

Contemplatif

Susceptible

Obsessions

Fantasque

Empathie

UN SENTIMENT DE SOLITUDE PESANT

Les incompréhensions mutuelles qui existent entre les atypiques et la plupart des enfants standard peuvent s'exprimer par une indifférence totale, ou par du harcèlement aux conséquences potentiellement dramatiques. On a toutes les couleurs du spectre, selon les situations et selon les personnalités en présence.

Qui est étrange ?

Des **différences cognitives** qui caractérisent les atypiques naissent des personnalités qui peuvent sembler **bizarres** ou farfelues aux enfants ordinaires de leur âge. Leurs centres d'intérêt très spéciaux inspirent même quelquefois de la méfiance chez les parents des autres enfants : « Il est étrange ce petit. » Quand ce n'est pas leur comportement qui pose question : « Pourquoi elle ne regarde pas dans les yeux quand on lui adresse la parole ? » Et *vice versa*, les atypiques ne voient pas forcément d'attrait aux enfants autour d'eux, et ne savent pas toujours comment les accoster. Pour eux, ce sont les neurotypiques qui sont bizarroïdes. Et ils n'ont pas le mode d'emploi pour se faire accepter d'eux.

Le point de vue de...

Annie et Jacques, parents de Baptiste, 19 ans

Notre fils ne s'est jamais senti accueilli par les autres. Il était surnommé « l'intello qui se la pète » depuis le CP; autant vous dire que les relations n'étaient pas au beau fixe. On s'est résolus à envisager les activités hors de l'école comme agents de socialisation, sans quoi il serait resté dans son coin toute son enfance. Le point commun (musique, sport) permettait de créer des accointances.

Différentes manières de faire face

Parmi les jeunes atypiques, il y a différents profils, mais aussi différentes manières de gérer les relations, ou l'absence de relations. Il y a ceux qui vivent mal cette **solitude** et qui aimeraient tisser des liens d'amitié avec d'autres enfants. Ils ressentent de la tristesse face au rejet, aux moqueries et/ou aux incompréhensions qui leur sont adressés en retour. Et puis il y a ceux que cela ne chagrine pas, soit parce qu'ils ne se rendent pas véritablement compte qu'ils sont isolés, soit parce qu'ils n'en ont cure et se trouvent bien tous seuls.

BON À SAVOIR

LES AMIS IMAGINAIRES

Il est fréquent que les enfants atypiques n'ayant pas d'amis s'en créent : un ou plusieurs amis qui n'existent que dans leur imagination. Ce sont des amis invisibles à qui ils parlent, qui les accompagnent et les rassurent. Leur durée de vie est variable, ils disparaissent généralement assez vite et les parents n'ont alors même pas le temps de s'en apercevoir, quand ce n'est pas l'enfant lui-même qui oublie jusqu'à leur existence. Ils peuvent être humains ou non, classiques ou fantastiques. Ils n'ont pas d'allure précise ni de nom, ils peuvent évoluer au fil du temps, selon les besoins des enfants qui les font vivre dans leur tête.

Les parents s'en inquiètent parfois et se demandent s'il faut entrer dans le jeu de leur enfant, ou *a contrario* lui rappeler fermement que rien de tout ça n'existe et qu'il devrait se faire de vrais amis, en chair et en os. Il faut savoir qu'il n'y a rien de pathologique dans ce processus de création, car les intéressés savent pertinemment que ces amis n'existent que dans leur esprit.

D'après une étude conjointe des universités américaines de Washington et de l'Oregon, près des deux tiers des enfants ont eu recours à ces amitiés chimériques, essentiellement entre l'âge de 3 et 7 ans (mais cela peut aller bien au-delà et perdurer à l'adolescence). Elles témoignent d'une créativité immense et ont vocation à protéger l'enfant. La psychologue britannique Anna Roby constate, suite à une étude menée en 2005 à l'université de Manchester, que « les enfants qui ont des compagnons imaginaires ont des compétences de communication plus avancées ».

Quand le jeune atypique aimerait nouer une relation

Pour une majorité d'atypiques, l'amitié et l'amour, lorsqu'ils sont plus grands, sont des sujets avec lesquels on ne badine pas. D'une **loyauté** sans égal, ils ont la plupart du temps une conception de l'engagement traditionnaliste et malheureusement décalée par rapport aux autres enfants. Selon les critères actuels, leurs valeurs et leurs priorités sont obsolètes. Mais ces attentions que d'aucuns peuvent qualifier de vieillottes ne sont pas le fruit d'une éducation ciblée ou d'un contexte religieux particulier, elles sont intrinsèquement liées à l'atypisme. Elles sont présentes mêmes chez les plus jeunes d'entre eux. Pour l'atypique, l'amitié signifie beaucoup. D'ailleurs, la déception peut être incommensurable lorsqu'il comprend que ce n'est pas réciproque et que l'autre n'est pas sur la même longueur d'onde.

> « Un atypique ne donne pas son amitié à la légère. »

Le point de vue de...

Adrien, papa de Sixtine, 14 ans

Dans sa petite enfance, ma fille était ignorée de ses camarades : jamais invitée aux fêtes d'anniversaire, toujours seule quand il fallait se mettre deux par deux. Ne supportant plus cet isolement, elle a fait de son mieux pour aller vers les autres, malgré les disputes et petites histoires qui sont monnaie courante entre filles, et qui restent nébuleuses pour elle. Il y a quelques jours, elle est rentrée groggy du collège : « Moi je suis fidèle en amitié et mes amis comptent pour moi. Je fais tout pour les aider et je ne les laisse jamais tomber. Eux ne font que me blesser et se servir de moi. »

Attention à la dépendance affective

Parmi les atypiques, certains sont prêts à tout accepter pour ne plus être seuls et connaître un sentiment de complicité. Dès lors, ils deviennent la cible idéale d'individus malintentionnés ou en recherche de pouvoir, qui pourront ne pas être de bon conseil. Être isolé fait déjà d'eux une proie facile, et être ultra-sensible plus encore car les dégâts pourront être bien plus grands qu'avec un autre enfant.

Voici quelques signes qui peuvent vous indiquer qu'il a croisé la route d'une personnalité narcissique :

- mon enfant est triste ou abattu dès que l'ami(e) n'est plus là ;
- il délaisse ses passions et ses centres d'intérêt au profit de choses que l'autre veut faire ;
- j'ai le sentiment que l'ami(e) en question est intéressé(e). Il ou elle tire avantage de cette amitié (au plan scolaire, au plan matériel, etc.) ;
- mon enfant s'enferme dans une relation très exclusive avec cet(te) ami(e) qui joue le rôle de « super-confident(e) » ;
- l'ami(e) en question le rabaisse visiblement : il ou elle lui parle mal, le dévalorise ou le discrédite ;
- je ressens chez mon enfant un malaise qu'il n'exprime pas directement ;
- depuis qu'ils se côtoient, j'ai repéré chez mon enfant un changement d'attitude envers nous, envers l'école ;
- il me semble que son ami(e) joue avec ses sentiments, le fait marcher (voire exerce une forme de chantage) ;
- l'ami(e) en question ne vient vers mon enfant que lorsqu'il ou elle n'a personne d'autre, façon bouche-trou.

Votre enfant ne voudra probablement pas se départir de l'ami(e), il ne verra pas les traces de l'emprise affective dont il est victime. Le meilleur moyen de lui faire prendre de la distance en douceur, afin qu'il puisse réaliser quelle mauvaise influence cette personne a pu avoir sur lui, est de l'amener à diversifier ses fréquentations.

Les relations toxiques sont toujours bâties sur le même principe : couper la victime de son socle, l'éloigner du reste du monde pour solidement planter les bases de cette dépendance. C'est donc en ouvrant le plus possible l'horizon de votre enfant que vous parviendrez à fragiliser cette relation néfaste pour lui, et à la faire tomber.

La propension exceptionnelle à s'extasier

Les atypiques sont des **contemplatifs**, la beauté d'un paysage les foudroie, l'émotion d'une situation les saisit, la splendeur d'un tableau leur mouille les yeux. Ils sont naturellement enclins à partager ce qui les touche, sans honte ni fausse pudeur. Seulement leur facilité à s'extasier devant la vie, les arts ou la nature n'est pas toujours du goût de tous et bien des enfants standard vont bondir sur cette occasion en or pour moquer une hyperémotivité et une sensibilité particulières qui dérangent.

« Ils sont dotés d'une intelligence métaphorique, comme s'ils étaient capables de saisir la réalité, mais aussi la richesse symbolique du réel. »
(Monique de Kermadec)

Le sens aigu de l'observation des atypiques, ce penchant naturel à scanner tout ce qui les entoure, s'exerce à tout moment de la journée. Mais quand leur bulle onirique entre en collision avec la réalité telle que perçue par les autres enfants, c'est brutal. Et ils apprennent alors à taire ces rêveries.

EXERCICE

ENTRETENEZ LA FLAMME

L'idée est d'éviter que la confrontation de votre enfant avec l'âpreté du monde extérieur, dans lequel s'émerveiller et faire montre d'émotions est interprété comme une faiblesse, n'éteigne ce feu qui le rend unique.

Proposez-lui de partager avec vous chaque jour :

- **une chose qui l'a fasciné,** qui l'a épaté, qui lui a apporté des questions plein la tête, qui lui a donné envie de faire des recherches ;
- **une chose qui l'a ému** : cela peut avoir fait poindre en lui une émotion positive ou négative. Ce qui importe, c'est de l'exprimer.

Faites de même, (ré)apprenez à être attentif à ces petits moments suspendus et partagez-les avec lui quotidiennement !

Si savoir voir la beauté en toutes choses est inné chez les atypiques, il faut cultiver à tout âge cette aptitude qui peut se faner bien vite, fauchée à grands coups de railleries et de mises en boîte.

> « Quand nous cessons de nous émerveiller,
> nous arrêtons de croire en la vie. »
> (Michel Bouthot)

Être doublement hors norme

Quand l'atypique présente, en plus, une caractéristique physique très marquée qui ne peut passer inaperçue (taille, surpoids, acné, sudation), cela fait office de surcouche et ajoute aux soucis de communication et d'acceptation. En outre, certains ados atypiques portent un écrasant secret : celui d'un cumul. Ils vivent depuis toujours avec leurs caractéristiques neurologiques qui les distinguent de la majorité des autres enfants, mais ils ont découvert au fil du temps, parfois dans une grande détresse, qu'une autre forme d'atypie vit en eux. Et de celle-ci, ils n'osent pas toujours faire état à leurs parents. Cela peut être du fait d'une homosexualité, d'une bisexualité, d'une asexualité ou encore d'une dysphorie de genre[13]. De ces particularités, le caractère transgenre est sans doute aujourd'hui le moins compris et entendu de certaines familles. « Le sexe c'est ce que l'on voit, le genre c'est ce que l'on ressent », résume magnifiquement l'endocrinologue américain Harry Benjamin.

Le point de vue de…

Ingrid, 21 ans

Je suis née dans un corps masculin, et j'ai réalisé à 5 ans que je me sentais appartenir à l'autre sexe. J'étais une fille à l'intérieur de moi, aucun doute là-dessus ! J'ai caché tout ça à mes parents jusqu'à l'âge de 11 ans puis, dans un grand mal-être à mon entrée au collège, je me suis jetée à l'eau et j'ai voulu leur expliquer. Mais pendant des années, ils m'ont pensée homosexuel (en mode garçon attiré par d'autres garçons). Ma dyspraxie ajoutait à cette drôle d'allure que j'avais, et il leur était manifestement plus facile d'accepter que je sois un garçon efféminé, et finalement gay, plutôt que de se dire qu'ils avaient une fille qui voulait exister en tant que telle. Ils commencent tout juste à se faire à l'idée que je suis une femme, mais le sujet reste sensible.

13 Une inadéquation entre l'assignation sexuelle d'une personne à la naissance et son identité de genre. Par exemple, l'ado est née fille tout en se sentant en tous points être garçon.

DES DIFFICULTÉS À SE METTRE AU NIVEAU DES AUTRES

Un atypique est hors de la norme, sur un ou plusieurs plans, depuis sa naissance et le restera toute sa vie. Il ne sait donc pas intérieurement ce qu'est « être normal ». Aussi, lorsqu'il cherche à se le figurer en imaginant qu'ainsi il sera accepté des autres, il ne sait pas manier le curseur qui lui permettrait de se positionner pile poil ce qu'il faut sur l'échelle de normalité. Il y a de grandes chances pour qu'il mette le doigt à côté et que ce costume d'invisibilité, qu'il tente de revêtir à toute force, soit des plus voyants.

> « L'avantage d'être intelligent, c'est qu'on peut toujours faire l'imbécile, alors que l'inverse est totalement impossible. »
> *(Woody Allen)*

La faute aux repères différents...

L'enfant atypique peut aussi passer pour un toqué ou un cornichon aux yeux des enfants ordinaires parce qu'il présente un déficit de repères générationnels lui permettant de le reconnaître comme faisant partie des leurs.

Le vocable, les passe-temps, les relations avec les parents sont des indicateurs d'appartenance à telle ou telle génération. Ainsi les gens nés dans les années 70 auront certaines références, très différentes de celles revendiquées par la plupart des enfants des années 90 par exemple. Or un atypique n'est pas toujours raccord avec les codes de sa génération.

LE POINT DE VUE DE...

Eilyn, 20 ans

Mes passions étaient le ballet et le chant lyrique. Alors, quand les filles dans le bus, dans la cour ou à la cantine parlaient entre elles de rap et de téléréalité, je me sentais démunie. Je n'avais strictement rien à dire sur ces sujets qui étaient tellement éloignés de moi qu'ils me donnaient l'impression permanente d'être une poule venant de trouver un couteau. Et je passais tantôt pour une snob, tantôt pour une gourde.

... Et à sa grande naïveté

Bien des atypiques sont d'une **naïveté** inouïe, ce qui est hautement paradoxal quand on connait leur perspicacité. Cette ingénuité dans le relationnel comme dans leur rapport au monde va donc à l'encontre de la sagacité qui les caractérise en d'autres circonstances. Elle ne leur simplifie pas la vie lorsqu'il s'agit d'interagir avec les autres enfants qui eux usent sans complexe de toutes les ficelles pour arriver à leurs fins, quitte à duper, tricher ou remanier la réalité. Ce sont des choses que les atypiques dotés d'une candeur hors du commun ont bien du mal à détecter.

Mais il ne faut pas confondre naïveté et stupidité. L'enfant atypique n'est jamais « neuneu » ! Il n'a aucune difficulté cognitive à comprendre que le mal existe, seulement une personnalité **idéaliste** et **gentille** qui ne peut croire que l'on prenne plaisir à salir ou à blesser sans raison.

Ne pas être tactile

C'est un point auquel peu de gens prêtent attention. Les contacts n'ont rien de naturel pour certains atypiques qui fuient les mains posées sur l'épaule ou sur la tête, qui ont horreur des *hugs* et pour qui une accolade n'est acceptable que venant de leurs très proches, réservée aux grandes occasions. À une époque où les adolescentes s'enlacent à tout va et où les garçons se font la bise, s'éloigner de ces conduites tactiles n'est pas anecdotique. Ces atypiques pour qui une étreinte est comme être « étranglé (e) par un boa constrictor », pour reprendre les mots de Sheldon Cooper[14], sont franchement à contre-courant.

BON À SAVOIR

LA PROXÉMIE : UN ESPACE PERSONNEL MODULABLE

L'anthropologue américain Edward Hall a décrit dans son livre *La Dimension cachée* la subjectivité qui entoure ce qu'il a appelé la « proxémie », c'est-à-dire la distance physique qui s'établit entre des personnes prises dans une interaction. Cet espace varie selon la relation établie, selon la culture et en fonction de facteurs personnels.

Ainsi, en partant de la bulle de protection de l'individu et en s'en éloignant au fur et à mesure, il a défini :

- **La distance intime** est estimée à 40 cm. Laisser entrer quelqu'un dans cette bulle signifie qu'il existe une relation privilégiée.
- **La distance personnelle** est estimée entre 45 cm et 1,20 mètres. Elle est synonyme d'une bonne entente entre les interlocuteurs.
- **La distance sociale** est estimée entre 1,20 et 3,60 mètres. C'est l'espace propre à une relation professionnelle ou commerciale, elle implique un certain détachement.
- **La distance publique** estimée à 7 mètres en moyenne dans le cas d'une conférence avec un grand nombre de personnes par exemple.

D'une façon générale, aux États-Unis, on apprécie une certaine distance, puisqu'on ne serre la main que la première fois et que faire la bise n'existe tout simplement pas. L'Espagne, au contraire, est un pays bien plus tactile et dans lequel on échange en proche face à face. Au Japon, les contacts physiques ne sont pas appréciés et les distances très importantes (il est très rare que l'on serre la main de quelqu'un par exemple).

14 Personnage fictif de la série *The Big Bang Theory*.

QUIZ

SA RELATION AUX CONTACTS

Pour chaque situation de la vie courante présentée, laquelle de ces trois propositions est la plus parlante pour votre enfant ?

1. Quand en classe on lui effleure l'épaule, qu'on lui tapote la tête...

A. Il continue son travail. C'est la routine, ça ne lui fait ni chaud, ni froid.

B. *Damned* ! Ses envies de meurtre le reprennent !

C. Cela crée un vrai lien entre les élèves et l'enseignant, c'est convivial.

2. À la maison, il tolère :

A. Les embrassades, les tapes dans le dos... Rien ne le gêne vraiment dès lors que ça ne s'éternise pas.

B. Seulement les contacts très courts et du bout du doigt (non sans un agacement intérieur, parce qu'on est déjà au-delà de son quota journalier).

C. Les bisous, les étreintes, les massages, les mains dans le cou. Il a besoin d'être en contact avec ses proches.

3. Avec ses amis, il...

A. Ne prête aucune attention à la distance qui les sépare ou non.

B. Culpabilise quelquefois, mais c'est plus fort que lui : il ne peut s'empêcher d'avoir un mouvement de recul et de se raidir s'ils l'approchent de trop près. C'est un automatisme.

C. Chahute, dort dans le même lit quand ils font des *pyjama party*, est toujours en contact rapproché avec eux quand ils jouent ensemble.

4. Pour lui,

A. Le toucher n'est rien de plus qu'un sens parmi d'autres.

B. « Tactile » ne se conçoit que sur les écrans ! Il vit ces contacts physiques comme des agressions, des intrusions dans son périmètre vital.

C. La peau est un organe social : les contacts captent l'attention des autres et sont synonymes d'apaisement.

5. Du coup, au fil du temps,

A. Il a appris à s'accommoder des contacts physiques, même s'il n'est pas du genre expansif.

B. Il est passé maître dans l'art d'esquiver le moindre contact qui s'annonce, et il assure en matière de « coucou de la main ».

C. Vous avez institué chaque jour des longs moments chaleureux et rassurants de câlins à la maison.

RÉSULTATS

Avec une majorité de A : il n'a pas de difficulté particulière sur ce plan-là, et semble adapté aux mœurs de notre société qui, par convention, fait la bise et serre la main.

Avec une majorité de B : il redoute et fuit comme la peste tout contact physique. S'il le pouvait, il creuserait une galerie souterraine pour s'échapper à chaque fois que quelqu'un viole son périmètre de sécurité. Mais comme il ne le peut pas, il se contente de paniquer et de réfléchir à des feintes.

Avec une majorité de C : il adore le contact physique, et aime par-dessus tout qu'on le serre fort dans les bras, qu'on lui témoigne de l'affection.

DES GOÛTS ET DES INTÉRÊTS HORS NORME

La population atypique est **passionnée**. Selon les profils, certains s'intéressent à plein de choses, sont boulimiques d'informations et touchent à tout; d'autres sont des spécialistes de sujets très spécifiques et s'en éloignent peu. Non seulement les thèmes sur lesquels les atypiques jettent leur dévolu peuvent être particuliers, mais ce qui devient rapidement des **obsessions** peut s'exprimer à un degré bien plus important que chez les enfants dans la norme. Il y a une différence à la fois quantitative et qualitative dans leurs attirances. Ces intérêts restreints peuvent viser les étoiles, les dinosaures, les insectes, les avions, l'informatique, les mangas, la science-fiction, etc. Ils peuvent interdire de s'ouvrir aux autres, à moins que ces derniers acceptent de s'aventurer sur le terrain choisi par l'atypique.

L'enfant atypique qui ne partage pas les centres d'intérêts supposés être assortis à son genre, ou à son âge, va se sentir cruellement pénalisé : de par son atypie fondamentale, qui le rend bizarre aux yeux des autres, mais aussi de par le rejet lié à ses attirances jugées non-conformes aux attentes de ses pairs.

Le point de vue de...

Letty, maman de Zian, 17 ans

Zian est un fana de trains. Ce n'est pas un sujet qui passionne outre mesure les jeunes, passé une dizaine d'années, mais lui n'aimerait parler que de cela aux gens qu'il aborde. Il est un thésaurus ferroviaire à lui tout seul, et souffre de ne pouvoir partager cette adoration avec d'autres au lycée. Depuis le début de l'adolescence, il s'est réfugié sur Internet, qui est le seul endroit où il a trouvé d'autres personnes à son image, éprises de trains au point de ne penser qu'à ça.

> On les appelle les sentinelles parce qu'ils surveillent tout [...] Ils cherchent à comprendre et à mettre du sens dans le monde très tôt.
>
> (*Olivier Revol)*

De la difficulté à faire preuve de légèreté

Petits professeurs ou petits philosophes, tout est fabuleusement sérieux dans leur monde et tout est pris au pied de la lettre. Le second degré n'y a pas toujours sa place au quotidien et ils ne s'amusent que lorsqu'ils font marcher leurs méninges. Ceux-là ont souvent une allure un peu raide jusque dans leurs mouvements ; guindés et droits comme un « i », ils renvoient une image d'enfants pas très *fun* à côtoyer.

Mais cette grandiloquence a une raison d'être : elle est le fruit d'un don de **discernement** peu commun. Il est délicat de s'abandonner, d'être insouciant quand on a conscience de tout le malheur de la planète. L'ignorance, c'est le bonheur.

Le point de vue de...

Anne-Elisabeth, maman d'Esteve, 17 ans

Lorsqu'il était petit, Esteve était la bête noire de ses camarades. Personne ne voulait être le voisin de classe de « Monsieur Je-sais-tout ». Sa facilité à anticiper les problèmes le faisait passer pour un donneur de leçons, et ils ont commencé à l'appeler C-3PO ou Mini-Sheldon.

Un humour décalé

L'humour est un peu une seconde nature chez les atypiques. Même les plus jeunes font preuve d'un grand sens de la dérision, et cela les aide d'ailleurs pas mal à supporter l'exclusion qu'ils subissent parfois durement. Mais leur sens de l'humour est à leur image : inhabituel et pas à la portée de tous. Contrairement à ce que l'on pourrait croire, cela n'aide pas côté socialisation – encore un domaine où ils ne sont pas dans le bon tempo par rapport à leur classe d'âge. D'un côté, ce qui les fait rire est théoriquement destiné aux plus âgés, comme l'humour absurde ou l'humour noir ; de l'autre, ce qui fait ricaner leurs camarades les laisse dubitatifs. Une fatalité de plus : ils vibrent sur une fréquence difficilement accessible aux autres.

BON À SAVOIR

VOUS PRENDREZ BIEN UNE TRANCHE D'HUMOUR NOIR ?

Une étude menée par le Dr Ulrike Willinger, neurologue autrichienne de l'université médicale de Vienne, publiée au début de l'année 2017 dans la revue *Cognitive Processing*, a établi une corrélation entre intelligence et sensibilité à l'humour noir. En plus, elle a contredit la croyance selon laquelle les personnes ayant un humour noir seraient maussades ou sadiques.

Chez certains atypiques, en particulier à l'adolescence, on observe une utilisation délibérée de l'humour dans ses formes les plus provocatrices ou tendancieuses pour piquer au vif un entourage jugé trop timoré.

Ne pas avoir l'esprit d'équipe

Chez les enfants atypiques, le collectif n'est pas toujours ce qui fait le plus recette. Les activités solos et les sports individuels sont ce qui fait naturellement écho en eux. Ils y sont plus habitués, et c'est bien plus confortable que de se heurter aux incompréhensions et aux lenteurs des autres quand il faut faire équipe.

L'intérêt de trouver sa place dans une chaîne

Comme toujours, le jeune atypique a besoin, pour aller vers quelque chose qui n'est pas naturel pour lui, de comprendre très exactement pourquoi on cherche à lui faire adopter cette attitude. Il veut décortiquer la question, explorer toutes les solutions possibles. Mais ici, il n'y en a qu'une : il n'est pas d'être humain qui puisse vivre en dehors d'une forme de société, aussi réduite soit-elle.

Il aura besoin de collaborer avec d'autres individus. À moins de vivre en autarcie au fin fond de la forêt amazonienne, votre enfant évoluera dans un monde pétri d'interactions humaines ! D'où l'importance de lui inculquer le goût du travail coopératif, en insistant sur le fait que chaque maillon de la chaîne a un rôle à jouer. Même un travailleur indépendant qui ne connait pas de hiérarchie est constamment soumis à des avis et des volontés extérieures.

Exemples : l'écrivain a besoin de sa maison d'édition, mais aussi de plaire à son public ; le pilote d'avions de ligne a besoin de son copilote pour le seconder, mais aussi d'une compagnie aérienne qui l'emploie ; le paléontologue a besoin de son équipe, mais aussi d'être à l'écoute de ses supérieurs (université, musée).

« Les batailles de la vie ne sont pas gagnées par les plus forts, ni par les plus rapides, mais par ceux qui n'abandonnent jamais. »

EXERCICE

TRAVAILLER SA PERSÉVÉRANCE

Sans persévérance, toutes ses qualités et ses talents ne servent pas à grand-chose. Voici un exercice à faire avec votre atypique pour lui montrer que le secret de la réussite, même des plus petites réussites du quotidien, réside dans cette qualité universelle.

Chaque iceberg sera unique, composé à l'image de son illustrateur. Vous retrouverez le dessin vierge dans les feuilles détachables.

Partie émergente : C'est la partie visible de l'iceberg, donc ce que les autres peuvent voir. Choisissez avec votre enfant un succès dont il est fier, un projet qu'il a réussi à mener à bien, un défi personnel qu'il a réussi à relever. Peu importe leur nombre et ce que c'est (surmonter une peur, participer à un tournoi sportif, etc.), mais il faut que ce soit des choses dans lesquelles il se soit investi et qui n'aient pas été « évidentes » pour lui. Notez-les sur la partie émergente.

Partie immergée : Selon l'idée de l'iceberg, tout ce qui est sous l'eau représente ce que les autres ne voient pas. Il s'agit maintenant de lister toutes les difficultés et les obstacles auxquelles votre enfant a dû faire face, ainsi que les efforts qu'il a fourni pour atteindre son objectif. *Quelques exemples : soirs et week-ends à travailler, échecs, machine à penser, sentiment d'être nul, impulsivité, sacrifices (les détailler), hyperesthésie, peurs, etc.* Soyez le plus spécifique possible dans les mots que vous sélectionnez. Reportez les mots choisis sur la partie immergée de l'iceberg.

L'image de l'iceberg ainsi créée permet à l'enfant de se rappeler la persévérance dont il a fait preuve et ce qu'elle lui a permis d'accomplir.

DES DIFFICULTÉS À COMMUNIQUER

Je rappelle que la population atypique est hétéroclite. Cette section est spécifiquement consacrée aux atypiques qui présentent des difficultés de communication, ce qui n'est pas le cas de tous, cela s'entend. Et chez ceux se retrouvant dans cette problématique, ce sera à des degrés d'intensité variés, selon le profil de l'enfant.

Communiquer ne se limite pas aux mots

Parmi les atypiques ayant des difficultés de communication, il y a ceux atteints de mutisme sélectif (dont je parle au chapitre deux), mais aussi tous ceux – souvent oubliés – qui communiquent autrement.

Ce sont des enfants qui ont du mal avec le langage oral ou qui sont plus portés sur l'expression écrite ou sur la gestuelle. Il ne faut pas perdre de vue que communiquer ne passe pas nécessairement par la parole : le regard, les mimiques et plein d'autres choses comptent. Par exemple, certains enfants hors norme, pour faire comprendre ce qu'ils veulent, vont prendre la main de l'adulte pour saisir l'objet convoité, au lieu de le pointer de leur propre doigt ou de le demander. D'autres vont agiter des mots griffonnés sur une ardoise à feutres en guise d'échanges, ou encore vont taper leur verre sur la table pour manifester leur envie de boire.

De tels comportements peuvent sembler irrévérencieux à des adultes non rompus aux différences d'enfants particuliers, et c'est souvent l'entrée à l'école qui marque un tournant pour ces enfants-là.

> « Tout refus de communiquer est une tentative de communication ; tout geste d'indifférence ou d'hostilité est appel déguisé. »
> *(Albert Camus)*

BON À SAVOIR

LE RÔLE DES FONCTIONS EXÉCUTIVES

Les fonctions exécutives sont des processus cognitifs dits supérieurs qui assurent un rôle de coordination, à la manière d'un chef d'orchestre, des processus dits inférieurs permettant l'adaptation à des situations nouvelles, qui ne peut se faire par automatisme. Ces habiletés exécutives nous permettent de réaliser ce que notre intelligence commande.
Elles conditionnent :

- notre mémoire de travail, qui permet de garder en mémoire des informations et de les trier, de les organiser ;
- notre flexibilité cognitive, qui permet d'être créatif et d'ajuster nos stratégies en cas d'erreurs ;
- notre contrôle inhibiteur, qui permet d'ignorer les distractions pour rester concentré, de contrôler nos impulsions, nos émotions, ou les gestes inappropriés.

Ces fonctions exécutives sont fondamentales, or elles diffèrent chez les atypiques (on parle parfois de « trouble des fonctions exécutives » ou encore de « syndrome dysexécutif »).

Concrètement, cela donne par exemple, selon les individus et les profils : des difficultés à accepter l'imprévu, à se souvenir d'une consigne, à contrôler ses émotions, à passer d'une tâche à l'autre, à organiser ses actions, à apprendre de ses erreurs, à faire preuve de persévérance, à ne pas être déconcentré par le moindre élément extérieur, à attendre son tour pour prendre la parole, etc.

Il ne sait pas temporiser

L'incapacité à temporiser touche un bon paquet d'atypiques. Différer, remettre à plus tard, ça n'est pas inscrit dans leurs gènes ! S'il a un truc à dire, il voudra le faire tout de suite, peu importe que l'on soit au téléphone avec un employeur ou la tata Suzanne. S'il veut quelque chose, il le lui faut sans attendre ; et on aura toutes les peines du monde à lui faire entendre que ça n'est pas le moment.

Cette impérieuse nécessité de dire ou de faire sans attendre peut sembler discordante puisqu'elle va dans le sens inverse d'une certaine sagesse très présente chez les atypiques. Mais comme souvent chez eux, les deux cohabitent.

« Il est besoin de temporiser,
nous ne pouvons pas toujours être les plus forts. »
(Etienne de La Boétie)

Atypique et soupe au lait

Les atypiques peuvent se révéler horriblement **susceptibles** et peu rieurs quand il s'agit d'eux. Il n'est pas rare qu'ils alternent dans une journée des moments d'euphorie incroyable et des pics de colère bruyante qui arrivent sans prévenir et disparaissent aussitôt, en laissant leurs amis pantois. Quelle mouche les a piqués ? Tout le monde comprend que c'était une taquinerie, tandis qu'eux se vexent. On les surnomme « Jean qui pleure, Jean qui rit » parce qu'ils sont soupe au lait. Une petite contrariété peut provoquer en eux un ouragan qui se lève aussi brusquement qu'il se dissipe.

Cette ardente susceptibilité leur donne la sensation de recevoir des coups de couteau en plein cœur. Cet amour-propre leur commande de réagir à un sentiment absolu, semblable à une plaie ouverte. Et c'est éreintant à supporter pour les copains et les proches qui ne savent jamais sur quel pied danser, face à l'instabilité de ces jeunes.

UN HUMOUR PARFOIS À SENS UNIQUE

Si les jeunes atypiques sont effectivement dotés d'un sens de l'humour qui se développe et s'aiguise très tôt, c'est à la condition expresse qu'ils ne soient pas la cible. C'est un point non négociable ! Enclins à plaisanter, ils raffolent des jeux d'esprit sur ce (ceux) qui les entoure(nt), mais accepter avec la même bonhomie cet humour lorsqu'il est dirigé vers eux, hors de question. On observe qu'ils sont plutôt sans pitié à leur encontre, exagérant leur plus petit défaut, grossissant leur moindre trait de personnalité ou détail physique, mais uniquement en petit comité. Ils se montrent bien plus frileux, voire carrément récalcitrants, à conserver cet esprit critique tourné vers eux-mêmes en présence d'autres personnes.

LE POINT DE VUE DE…

Cory, papa d'Ambre, 11 ans

Ambre aime beaucoup asticoter ses amis ou sa famille. C'est vrai qu'elle fait preuve d'un grand sens de l'humour et n'hésite jamais à relever un petit truc amusant ou une incongruité sur ses proches. Elle n'a cependant pas le même point de vue quand les facéties sont faites sur son dos.

Calmer cette réaction au quart de tour

Lorsque votre enfant sent la moutarde lui monter au nez, il peut s'exercer à canaliser et à modérer ce sentiment de colère avant qu'il n'explose.

Proposez-lui de :

1) respirer profondément ;

2) s'éloigner, faire quelques pas ;

3) compter dans sa tête jusqu'à dix ;

4) chiffonner un *Bon de colère* (à retrouver dans les feuilles détachables[15]).

Cela va lui permettre de prendre un peu de recul et de relativiser. Un enfant qui s'enflamme instantanément redescend tout aussi vite, mais encore faut-il lui donner l'opportunité de le faire. Par ce rituel en quatre temps, on crée cette chance de se calmer.

L'ATYPIQUE, UN ASOCIAL ?

Sa chambre, un territoire sacré

Cela peut paraître un peu tribal mais il est des atypiques territoriaux, qui défendent bec et ongles leur espace, comme le ferait un animal. Leur chambre est sacrée, et il ne faut pas (trop) l'envahir, ni la modifier. Ce comportement intrigue d'autant plus qu'usuellement, c'est un terrain de détente et de jeux dans lesquels les enfants sont heureux de convier des invités. Mais cela ne s'applique pas à une partie des atypiques ayant un rapport particulier à la propriété. Eux n'entendent pas partager, de même qu'ils ne savent pas jouer de manière conventionnelle avec des poupées, des LEGO, des figurines. Ces enfants différents vont plutôt utiliser les vaisseaux spatiaux, les Playmobil, les petites voitures, les feutres sur leur bureau en les alignant. C'est une façon de contrôler leur environnement, un repère rassurant.

15 Vous pouvez photocopier cette page, découper les bons et les glisser dans les poches de votre atypique, pour qu'il en ait toujours à portée de main si le besoin s'en fait sentir.

«Je ne suis capable de fantaisie que dans l'ordre.»
(Colette)

L'enfant qui dit tout ce qui lui passe par la tête

Dans le *top-five* des comportements qui contribuent à rendre les atypiques **fantasques**, celui-ci arrive en bonne position. Au premier coup, on pourrait croire – en lui accordant le bénéfice du doute – qu'il réfléchissait à voix haute, qu'il n'a pas voulu prononcer ces mots. Mais au deuxième, au troisième… puis au dixième coup, on est fixé.

Ce n'était donc pas une gaffe, encore moins une étourderie, mais bien un commentaire lâché volontairement, et sans saisir la nécessité de l'enrober pour le rendre plus digeste : une part de vérité, balancée sans filtre ni précaution. En débit de leur caractère brutal, ces jugements catégoriques établis sur une réalité tangible, sont dénués d'arrière-pensées ou d'intentions d'amocher.

Le point de vue de…

Ludivine, grand-mère d'Emmanuel, 12 ans

C'est toujours compliqué pour Emmanuel de nouer des liens d'amitié parce qu'il se montre trop honnête. Pour vivre en société, il faut «mentir». Ou tout du moins, se retenir de dire tout ce que l'on observe, tout ce qui nous passe par la tête. Sans ces petites politesses, le monde serait impraticable. Et c'est ce qu'il fait vivre aux gens qui croisent sa route, enfants ou adultes.

Réagir aux commentaires « sans filtre »

Lorsque votre aytpique lance une de ses remarques spontanées et brutalement honnêtes dont il a le secret, que faire ? Comment réagir et faire valoir qu'il n'est pas dans la zone de l'acceptable ? Voici les six commandements du parent valeureux qui garde la tête haute en toutes circonstances !

1. Surtout, n'ayez pas de réaction sur l'instant : pas de gros yeux, pas de cris, encore moins de gifle. Pas de sourire non plus, adoptez un visage neutre.

2. Expliquez à voix basse à votre enfant que vous en parlerez tous les deux, plus tard dans la journée.

3. Parler ne signifie pas gronder, punir ou exploser. Privilégiez le dialogue d'égal à d'égal, dans un contexte apaisé et calme (pas avec le reste de la fratrie qui se mêle à la conversation).

4. Faites valoir la diversité qui fait l'humanité et profitez-en pour faire le lien avec les particularités de votre enfant, pour le connecter à cette personne.

5. Élargissez le sujet ! Oui, effectivement, les gens ne se ressemblent pas. Il y a des petits, des gros, des qui sentent bon, des chauves, des boiteux, des qui ne maîtrisent pas les codes sociaux, etc.

6. Demandez à l'enfant s'il aurait envie, lui, que l'on s'étonne de sa différence. Comment son empathie va-t-elle lui faire réexaminer à froid une situation sociale dans laquelle il s'est noyé ?

Tout s'apprend, avec de la patience. Il faut voir le côté positif de chaque épreuve traversée. Si l'on ne se sert pas de ses erreurs pour avancer, non seulement elles ne servent pas, mais rien de change.

NE PAS SAVOIR ALIMENTER UNE CONVERSATION

Les habiletés sociales sont un souci pour une bonne partie des atypiques, et entretenir une conversation est sans doute l'un des points les plus inconfortables pour eux. Si cela se fait tout seul pour la plupart des gens, cela va mobiliser d'énormes ressources pour ces jeunes hors norme qui peinent dans ce domaine.

Devoir faire la conversation peut s'avérer décourageant : il faut identifier les émotions de l'autre pour interpréter convenablement le sens de son discours (est-il sérieux, est-il en mode ironique, ne serait-il pas menaçant avec moi ?), séparer les mots importants des mots phatiques[16], le tout en essayant de regarder dans les yeux et d'avoir l'air normal…

À l'écrit, ce n'est pas plus glorieux. Les smartphones ne servent plus vraiment à téléphoner, ce sont les messages Discord, Facebook Messenger, WhatsApp qui ont le vent en poupe et envahissent nos écrans. Le caractère intrusif de ces notifications qui pleuvent, qui font du bruit et qui s'invitent dans leurs occupations, importunent certains jeunes atypiques.

16 Expressions qui servent dans une conversation à établir et maintenir le contact avec son interlocuteur, tels que « Allô », « Tu vois », « Patientez un instant », « Vous comprenez. »

EXERCICE

S'ENTRAÎNER À JOUER DES SCÉNARIOS SOCIAUX

Il ne suffit pas d'être au contact des autres pour acquérir ou développer des compétences sociales. Quand elles font défaut, il faut les apprendre spécifiquement, et s'entraîner à les améliorer petit à petit.

Vous pouvez aider votre atypique en lui proposant des scénarios sociaux qui vont le mettre dans les conditions d'un échange. Cela contribuera à faire diminuer le stress découlant d'expériences sociales incomprises, et il pourra ainsi se préparer, passer en revue ce qui peut se formuler à voix haute ou non, ce qui peut se faire ou non.

Fixez une situation de départ en étant précis dans certains détails, comme le lieu où cela se passe et les personnes incluses dans l'histoire.

Par exemple: On va imaginer qu'au parc, un enfant que tu ne connais pas vienne vers toi et te demande si tu veux jouer avec lui. Comment peux-tu lui répondre si tu as envie d'accepter? Et comment décliner son invitation?

L'idée est d'aiguiller l'enfant sur une chronologie (comme le fait de regarder vers son interlocuteur, de dire «bonjour» avant d'adresser la parole pour la première fois à quelqu'un, ou encore de dire «s'il vous plait», «merci», «non merci», etc.), mais aussi sur des réponses comportementales acceptables selon ce que la situation d'interaction lui inspire.

Ces petits jeux sociaux favorisent une plus grande autonomie en rendant pragmatiques des dimensions qui relèvent habituellement du subjectif. Autrement formulé: en épluchant le déroulé d'interactions sociales non balisées pour les atypiques qui n'en maitrisent pas les codes, ces scénarios sociaux leur permettent d'acquérir de nouvelles habiletés relationnelles.

L'enfant atypique violent

Dans la série des difficultés de communication, une frange d'atypiques se montrent agressifs. Cela peut être le cas avec des agressions verbales (l'enfant crie, injurie, parle mal), comme des agressions physiques (l'enfant frappe, s'en prend aux objets). Dans tous les cas, on ne peut laisser passer : il faut aider votre enfant à trouver une meilleure manière d'exprimer ce qui ne va pas. Car ce type de réactions n'est jamais sans racines, il y a une raison à ce comportement violent. L'enfant peut par exemple se sentir incompris lorsqu'il entre en communication, et la frustration de cette difficulté à se faire comprendre se transformer en réaction violente. Il peut aussi réagir à ce qu'il vit comme une injustice à son encontre, ou encore à une moquerie. Il peut interpréter un propos comme une menace et se croire en danger, et donc, chercher à se défendre.

LE POINT DE VUE DE...

Abigail et Valentin, parents de Brice, 9 ans et de Tatiana, 4 ans

Brice était un garçonnet extrêmement remuant et curieux, son appétit intellectuel était insatiable. Tout petit déjà, il n'était pas facile, mais c'était notre premier alors on ne s'est jamais attachés à ce qui nous semblait être des bricoles sans importance. L'année de ses cinq ans, sa maîtresse a tiré la sonnette d'alarme : il tapait ses camarades, refusait de respecter les règles de conduite en classe, tenait tête à l'enseignante. Sa mauvaise humeur était également palpable en famille. Il ne nous parlait que très peu de ses journées d'école et refusait de répondre à toute question directe. Nous étions face à un mur de colère et de silence qui se transformait en hurlements si nous insistions. Il nous a fallu l'aide d'une psychologue pour faire le lien avec deux difficultés qui se télescopaient dans sa vie : la naissance de sa petite sœur, qui nous mobilisait pas mal ; et un ennui scolaire qui l'avait amené au décrochage, lui faisant détester les insipides activités imposées en classe. Il était en souffrance, en manque d'émulation intellectuelle, et il n'arrivait pas à l'exprimer autrement que par des agressions, des oppositions ou du refus.

Ouvrir son horizon

Si votre enfant atypique se montre agressif, le premier conseil est de ne pas prendre l'enfant à chaud. Cela ne servirait à rien de surréagir.

- Indiquez-lui que vous allez en discutez un peu plus tard, entre vous, et lorsque le moment vous paraît propice. Expliquez-lui alors que la violence n'est jamais la solution (pas de mots qui blessent, ils sont aussi une forme de violence).

- Faites la démonstration à votre enfant de solutions alternatives à cette réponse agressive pour lui montrer que, contrairement à ce que lui dicte son instinct, il a bien d'autres options quand il a envie d'agresser verbalement ou physiquement.

Ces itinéraires bis peuvent être par exemple :

- **Tourner les talons** : il n'y a rien de honteux à ne pas entrer dans un conflit, à faire en sorte de ne pas laisser un échange se dégrader. Laisser l'autre en plan quand on sent que la réponse que l'on risque d'apporter pourrait être agressive est encore le meilleur twist pour éviter de tomber dans une réponse violente.

- **Aller présenter la situation à un adulte** qui jouera à la fois les arbitres et les témoins (attention, cette option n'est pas la meilleure à l'école si l'enfant en abuse ; les personnels éducatifs sont prompts à répondre quelque chose comme : « Tu es grand / Il faut apprendre à gérer les disputes / Ne me mêle pas à ça »).

- **User d'une arme secrète : l'humour**, si possible. Le facteur stress parasite les capacités à désamorcer les tensions sous-jacentes. Souvent les atypiques – grands émotifs – ne voient pas de réponses humoristiques apparaître dans leur tête, ils sont comme paralysés par cette interaction. Ce n'est que quand tout est déjà terminé depuis un moment que les répliques arrivent à grand renfort dans leur esprit.

- **S'affirmer en répondant « Non »** : cela peut passer pour une tautologie, mais pas tant que ça. Il est en fait fréquent que les enfants atypiques agressent parce qu'ils n'entrevoient pas d'autres manières de résoudre une situation de communication anxiogène, sans avoir pensé une seconde à exprimer leur désaccord avec ce seul petit mot, qui a le mérite de mettre un point final à l'échange.

DES HABILETÉS SOCIALES PERFECTIBLES

Les atypiques sont immodérément réceptifs aux *chaudoudoux*[17], ces petites attentions, ces gentillesses qui mettent du baume au cœur. Cependant ils sont parfois moins à l'aise pour les distribuer que pour les recevoir. Aidons-les à comprendre que l'on ne doit pas faire aux autres ce que l'on ne voudrait pas vivre soi-même.

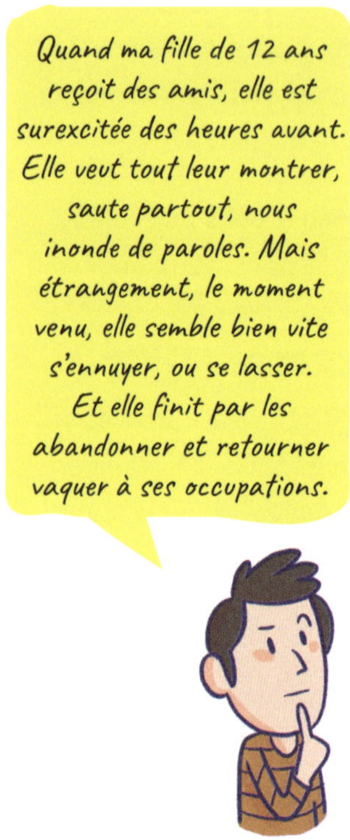

L'ATYPIQUE SAIT-IL CE QU'IL VEUT ?

Les enfants atypiques ne sont pas en reste de **contradictions**, et la sphère relationnelle et sociale n'échappe pas à cette règle. Ils sont tiraillés entre des envies élémentaires communes à tous les enfants (des rêves d'amitié, de jeu, de partage), et des particularités neurologiques et comportementales qui rendent l'exaucement sinueux. La volonté de se faire des amis, de les recevoir, de faire des choses avec eux peut sembler en complète opposition avec le sentiment d'être étouffé par eux. Mais c'est ce que ressentent certains atypiques. Ils ne trichent pas, et prennent sincèrement plaisir à être avec du monde, tout en faisant très vite une overdose jusqu'à ne plus souhaiter qu'une chose : avoir la paix. Certains se formalisent de ce comportement qui passe souvent pour un manque de savoir-vivre, mais sermonner votre enfant ne sera d'aucun secours.

17 Néologisme du psychologue américain Claude Steiner, tiré de son livre pour enfants *Le Conte chaud et doux des chaudoudoux* publié en 1984.

Apprendre à déjouer les petits couacs

Être atypique et ressentir ces émotions dissonantes ne doit pas priver l'enfant du bonheur de partager des choses avec d'autres. Pourtant, cela peut être un frein à la venue d'amis, ces derniers se sentant « de trop ».

Pour améliorer la gestion de ces élans difficiles à cerner, voici deux astuces à mettre en place.

- **Essayez de planifier le plus possible ce qui se prépare**. En introduisant par exemple une heure d'arrivée et une heure de départ, l'enfant peut ainsi avoir une idée à l'avance du tronçon durant lequel il va fournir un effort. Cela lui permet de se préparer mentalement, de se mobiliser en sachant où il met les pieds.

- **Convenez d'un code d'urgence avec votre enfant**. Le but de la manœuvre est de lui permettre d'avoir un plan B dans l'éventualité où la préparation mentale n'a pas suffi. Cela peut être un geste (défini entre vous à l'avance), un mot glissé à votre oreille, ou plus discrètement, si l'enfant a son propre téléphone, un texto. L'idée est de prévoir cette possibilité de dernier recours : la verbaliser pour dédramatiser.

De l'empathie à la clémence

L'**empathie** est la capacité à se mettre émotionnellement à la place des autres. Elle est présente force douze chez les atypiques. Chez *tous* les atypiques, même ceux qui ne l'expriment pas ouvertement ou qui semblent lointains ou indifférents. Cependant cette capacité peut être trop présente et s'avérer handicapante quand elle consume ces enfants hors norme de l'intérieur. Lorsqu'elle confine à la mansuétude, le danger est pour eux de basculer dans un extrême qui les lèse et les fait passer pour une bonne poire.

Le point de vue de…

Liliane et Hervé, parents de Marion, 14 ans

Notre fille de 14 ans est partie cette année en voyage scolaire en Angleterre. Elle nous a appelés en pleurs le deuxième jour, expliquant que sa copine (avec qui elle était logée dans une famille) l'avait prise en photo en petite tenue. Elle avait envoyé par texto la photo à des camarades de classe. Paniquée, Marion refusait d'aller dénoncer sa compagne de chambrée aux profs accompagnateurs. Plus que l'humiliation dont elle était victime, ce qui l'inquiétait était que cette jeune fille risque le conseil de discipline ou l'exclusion.

Nous ne lui avons pas laissé le choix, l'affaire était grave et il était impensable de ne rien dire : nous avons donc appelé le collège, puis Marion a informé les enseignants présents sur place. Mais quelle souffrance cela a été pour elle ! L'impression de pénaliser cette fille supplantait la colère qu'elle pouvait elle-même éprouver suite à ce geste tout à fait déplacé. Cette empathie maladive la faisait passer dans sa tête du rang de victime à celui de bourreau.

Préférer la compagnie des animaux

La souffrance suffocante de la solitude, quand elle n'est pas choisie ou bien supportée, amène souvent les enfants hors norme à se tourner vers les animaux. Rien d'étonnant à cela : ils se montrent amicaux, fiables et ne jugent jamais. Leurs règles sont limpides, contrairement à celles, mouvantes et fluctuantes, régissant les rapports humains. Il est par conséquent aisé de s'y retrouver. On peut tout confier à un animal, ou on peut se taire sans qu'il ne nous en tienne rigueur. Son comportement sera toujours égal, il ne distribuera ni bons points ni mauvais points, ne fera jamais la leçon en se posant en censeur. Il ne conditionnera pas son amour à des notes, des résultats ou des choix. Et c'est reposant quand on est sans cesse regardé comme un drôle d'oiseau. On peut faire tomber le masque sans prendre le moindre risque, et être libre d'être soi, sans jugement ni critique.

Quand plane l'ombre du harcèlement

Autre problème sociétal de taille : le harcèlement. Savoir identifier une situation que l'on imagine toujours rare n'est pas si commode. Cela l'est encore moins quand l'enfant atypique fait tout pour le cacher soigneusement à ses parents, afin de ne pas leur faire de peine et être source d'inquiétudes. Les autres enfants peuvent devenir des tortionnaires ou des complices en un temps record. Ils sévissent en milieu scolaire, mais franchissent désormais allègrement le seuil de la maison *via* les réseaux sociaux et les voies numériques, poursuivant l'enfant jusque dans son intimité. Il est alors très difficile pour un atypique de se relever et d'arriver à refaire confiance.

« Seul. Tout seul. Personne, non personne, ne peut s'en sortir tout seul. » *(Maya Angelou)*

Cela peut sembler inconcevable pour certains parents, qui ont tendance à croire qu'un enfant de 6 ou 7 ans ne peut pas avoir d'états d'âme ou broyer du noir, pourtant c'est le cas. Les atypiques sont susceptibles, de par leur hypersensibilité très prégnante, leur maturité hors du commun et leurs déphasages continuels, d'avoir plus fréquemment le cœur sombre.

BON À SAVOIR

LE SUICIDE CHEZ LES PLUS JEUNES

Avoir envie de mourir n'est pas une preuve de lâcheté ou de désamour pour ses parents, mais bien l'expression d'un appel à l'aide, avec cette conviction : aucune autre échappatoire n'est envisageable. L'intention de mettre fin à ses jours correspond à une volonté de mettre un terme à une déchirure si vive qu'elle ne trouve pas dans la tête de l'intéressé d'autre solution. Cette douleur supposée indépassable dans l'esprit de l'enfant doit impérativement être prise au sérieux, et surtout pas évacuée ou minimisée au regard de son âge ou de la nature même du souci. Dans son rapport officiel remis en 2011 à la secrétaire d'État à la jeunesse, « Quand un enfant se donne la mort », le psychiatre Boris Cyrulnik estimait qu'il y avait chaque année en France une centaine de cas de suicides d'enfants, âgés de 5 à 12 ans.

EXERCICE

TENDRE LA MAIN

Un enfant atypique qui va mal, qui souffre en silence et qui ne voit aucune issue à sa solitude peut avoir des réactions que nous, adultes, nous jugerions peut-être excessives. Mais nous, adultes, nous avons l'avantage de savoir que rien n'est joué, et qu'avoir du mal à créer du lien étant enfant ou ado ne veut en aucun cas dire passer l'entièreté de sa vie seul(e), sans amour, sans affection. L'enfant, lui, ne le sait pas. N'ayez pas peur des mots, il ne lira pas dans vos pensées ! Parlez avec votre enfant, sans tabou, et écoutez-le vraiment.

Quand les choses sont dites, on se sent considéré et c'est la clé du problème. Un enfant qui souffre de solitude ou d'abandon a la sensation d'être translucide, tel un fantôme qui errerait sans que personne s'en émeuve. Il faut le reconnecter à vous.

Pour ce faire, nulle potion magique ou recette miracle, mais une écoute active qui tient en trois temps :

- **Écoutez-le pleinement**, pas pendant que vous consultez votre smartphone, ni au moment où vous êtes absorbé(e) par d'autres soucis. Il vous faut manifester la plus grande sollicitude : montrez-lui que vous êtes authentiquement présent(e) pour accueillir sa parole.
- **Laissez-le parler et aller au bout de ce qu'il veut exprimer**, sans l'interrompre, sans orienter sa parole ou la détourner. Il ne s'agit pas d'un échange façon ping-pong ! Bâtissez un cercle de confiance à l'intérieur duquel votre enfant pourra s'exprimer en toute liberté et sans aucune pression.
- **Ni jugement, ni remise en cause de ce qu'il ressent**, ne cherchez pas à minimiser sa douleur : c'est ainsi qu'il le vit, c'est ça qui importe et qui doit être recueilli. Acceptez-le comme il est, sans recadrer, moraliser ni imposer votre point de vue. C'est le sien qui doit être écouté, avec empathie.

Accepter qui l'on est pour pouvoir avancer.

Sens critique

Clairvoyance

Curiosité

5
Être atypique et le rester, tout en vivant heureux

Concentration

Zorro

Appartenance

Adaptation

Résilient

Neurodiversité

Anxiété

DOMPTER LE SENTIMENT D'ÉTRANGETÉ

La routine, angoissante ou rassurante ?

Il y a des profils d'atypiques allergiques aux habitudes, et d'autres qui ne jurent que par elles. La simple évocation d'un train-train quotidien suffit à donner aux premiers des sueurs froides, quand les horaires fixes enchantent les seconds. Aucun affrontement entre le côté lumineux et le côté obscur de la Force : aucun camp n'a raison ou tort ! Il y a tout simplement des profils différents, aux besoins en rapport avec leurs particularités.

AU SECOURS, LA ROUTINE !

La monotonie panique certains atypiques. Ils présentent une réelle phobie relative à l'ennui sur tous les plans, et si vous essayez de leur imposer des journées calquées les unes sur les autres, ça n'ira pas. Ils ont besoin d'être stimulés, d'être surpris pour se sentir vivants et c'est ce qui explique qu'ils se lassent très vite, y compris dans les interactions.

Il est important de faire valoir à votre enfant le fait que chaque amitié est précieuse, et qu'il faut par conséquent apprendre à cultiver chacune d'entre elles. Cette tendance à zapper rapidement risque de lui faire perdre l'affection de personnes qui l'apprécient, et qui s'éloigneront inexorablement.

> Si vous pensez que l'aventure est dangereuse, essayez la routine… Elle est mortelle !
> *(Paulo Coelho)*

D'autres atypiques réagissent de manière diamétralement opposée. Les rituels les rassurent et ils aiment :

- la routine, qui signifie l'absence de variété dans la vie de tous les jours. Le principe des jours qui passent et se ressemblent ne les inquiète pas. Au contraire, ils se sentent protégés par cette implacable prévisibilité ;
- les routines, qui visent le déroulement, toujours identique, et dans un ordre précis, défini à l'avance, d'une activité. Ces habitudes peuvent par exemple s'appliquer aux repas, aux devoirs, au moment du coucher, etc.

La combinaison de délimitations strictes (cloisonnements, segmentations) avec la notion de reprises cycliques, qui interviennent à intervalles fixes et réguliers, parvient à faire baisser leur taux d'anxiété.

Gérer le temps

Avec les enfants qui ont besoin de routine et de rituels, il faut anticiper tout ce qu'il est possible d'organiser et de planifier. On peut même s'appuyer sur des séquences en images, avec des pictogrammes, pour les plus jeunes.

Il est important de prévoir le temps nécessaire pour faire les choses, sans jamais bousculer l'enfant. Si on sait que s'habiller seul lui prend dix minutes, on va en prévoir quinze dans le planning de la maison. Chaque routine aura son estimation de temps, en comptant plus que nécessaire, pour donner à l'enfant une autonomie.

L'idéal est d'offrir à votre enfant une visualisation claire du temps qui s'écoule. Pour cela, vous pouvez acheter un petit appareil, du format d'un réveille-matin, appelé « *Time timer* ». Vous trouverez sans difficulté sur Internet. Ou bien il existe aussi de chouettes applications gratuites, tant sous iOS que sous Android, qui font la même chose sur l'écran de votre smartphone (à la différence près que ça n'est pas un objet manipulable).

Je ne suis pas seul

La solitude de l'enfant atypique est la plupart du temps expliquée par le décalage énorme avec les autres, non par une volonté de l'enfant lui-même de s'isoler. Je précise *la plupart du temps*, car il en existe également d'intimement solitaires.

Mais être seul et se sentir seul sont deux choses bien différentes. On peut se sentir résolument seul au milieu de trois cents personnes. D'où la nécessité pour votre enfant de rencontrer des gens « comme lui », de savoir (d'expérimenter ! Pas juste entendre dire…) que d'autres enfants, partageant les mêmes particularités, les mêmes incompréhensions, existent un peu partout. Bref, qu'il n'est pas seul dans ce cas.

Votre atypique a besoin de se sentir appartenir à un ensemble, à un tout bien plus grand que lui. C'est un besoin fondamental humain. Se retrouver parmi d'autres enfants hors norme et pouvoir partager ses passions avec eux va lui permettre d'éprouver ce sentiment d'**appartenance**, par effet miroir. Il ne sera plus l'insolite de service. Un atypique est normal dans le monde des atypiques et il va même remarquer avec stupéfaction qu'il y a plus étrange que lui.

Le point de vue de…

Romane, maman d'Apolline, 12 ans

Ma fille a toujours eu du mal à s'identifier aux autres. Je lui ai proposé de l'inscrire dans une association d'enfants hors norme qui proposait tout un tas d'activités : sorties culturelles ou sportives, ateliers créatifs ou scientifiques, café-rencontres, etc. Ce serait une occasion en or pour qu'elle se retrouve entourée de jeunes ayant les mêmes besoins et les mêmes envies. La réussite a été au-delà de mes espérances, ça l'a métamorphosée !

La solitude existentielle

Ces rencontres ne sont pas toujours possibles, pour des raisons logistiques, parce que l'enfant refuse, ou encore parce qu'il n'a pas d'étiquette pour montrer patte blanche et rejoindre une association qui puisse lui permettre de passer du temps avec des gens dans son style. Elles n'empêchent pas non plus un atypique de retourner, dans sa vie quotidienne, à une certaine solitude qui peut continuer à lui peser. La solitude existentielle est indéniablement celle qui fait le plus souffrir. Les questionnements métaphysiques peuvent rendre infiniment tristes lorsque ces quêtes de sens sont conjuguées au singulier.

Se connecter à un ensemble

Certains ont à proximité pléthore de structures et d'associations qui peuvent représenter autant de matière pour contrer la solitude ressentie à l'école ou parmi les pairs. D'autres n'ont pas cette chance, et vivent dans ce que l'on pourrait qualifier de déserts à ce niveau-là. Mais à défaut de pouvoir fréquenter d'autres enfants atypiques eux-mêmes en manque de copains, votre enfant peut se connecter à une humanité qui lui corresponde au moins partiellement. Pratiquer un sport (physique, ou cérébral, comme le sont les échecs), jouer d'un instrument de musique, s'adonner à une activité artistique permettra de raccorder l'enfant à une population qui s'écarte elle aussi, peu ou prou, de l'autoroute de la norme. Et je ne parle même pas des profits scientifiquement démontrés au plan cognitif…

Se connecter à soi-même

La méditation dite de pleine conscience, le *mindfulness* en version anglophone, n'a rien à voir avec des pratiques religieuses ou des divagations *new age* un peu glauques. Il s'agit avant tout de se recentrer sur le moment présent. C'est un moyen gratuit et accessible à tous de cultiver une forme d'introspection et de gagner en sérénité. Il n'offre que des avantages, et aucun inconvénient ni risque; cela peut apaiser les atypiques qui y sont réceptifs. Encore faut-il que l'enfant ou le jeune soit volontaire pour essayer, le forcer serait ridicule.

EXERCICE

LA CÂLINOTHÉRAPIE MAISON

Pour réconforter, les parents ont à leur disposition un arsenal imparable, qu'ils méconnaissent souvent. On câline les tout-petits, et puis on oublie complètement les bienfaits de ces liens dès que l'enfant grandit un peu. On pense « respect de sa personne », et donc distance.

Pourtant un câlin de dix secondes réduit la tension artérielle et calme le rythme cardiaque. Il apporte chaleur et confiance en soi, grâce à la sécrétion de quatre substances chimiques endogènes (c'est-à-dire produites par notre organisme) :

- des endorphines (les hormones du bien-être),
- de la dopamine (l'hormone du plaisir et de l'action),
- de la sérotonine (l'hormone régulatrice de notre humeur),
- de l'ocytocine (l'hormone de l'attachement et du lien social).

Tout ce qu'il faut pour consoler, combattre une solitude existentielle et un sentiment de vide émotionnel ! N'hésitez donc pas à prendre dans vos bras votre atypique, quand il a le moral dans les chaussettes, ça lui fera le plus grand bien. Vous pouvez aussi instituer des rituels câlins (si votre atypique n'est pas gêné par le contact physique), par exemple le matin au lever ou le soir au coucher, ou à tout autre moment qui vous paraît opportun !

Voici trois idées reçues très répandues sur les câlins, à combattre formellement :

1) « Trop câliner un enfant va en faire une mauviette »

2) « Les câlins interdisent à l'enfant de mûrir et de devenir autonome »

3) « Passé l'âge de dix ans, l'enfant n'a plus besoin d'être enlacé »

ÊTRE UNE FILLE ATYPIQUE

Pourquoi parler spécifiquement de la gent féminine ? Deux raisons :

- le sex-ratio, dans toutes les sphères qui composent la population atypique, est nettement en défaveur des filles ;
- cette surreprésentation masculine rend le fait d'être une fille atypique plus ardu.

Sans verser dans le cliché, il est manifeste que les attentes sociétales et familiales vis-à-vis des filles et des femmes sont différentes de celles portées aux garçons et aux hommes. De nos jours encore, les constructions autour de la féminité sont intransigeantes sur certains points. Or les filles atypiques ne correspondent pas (toujours) aux « codes féminins », tout en s'affichant largement plus en trompe-l'œil que les garçons.

BON À SAVOIR

UNE CONSTRUCTION IDENTITAIRE PROGRESSIVE

La neurobiologiste française Catherine Vidal souligne que les connexions cérébrales des garçons et des filles sont strictement identiques à la naissance. Les différences apparaissent au bout de plusieurs mois, avec l'environnement familial et social. Le processus de construction de l'identité est progressif, et rendu possible par la plasticité cérébrale (dont je parle au chapitre deux du livre).

Se fondre dans la foule

Gardons-nous de faire des généralités, chaque enfant est un cas d'espèce et dans tous les domaines, il y aura toujours des exemples et des contre-exemples. Mais force est pourtant d'admettre, et cela se remarque dans tous les profils d'atypiques, que les filles ont une plus grande culture de l'**adaptation** et excellent au jeu du **camouflage**. Elles font des efforts adaptatifs plus importants et plus durables pour dissimuler ces différences. Elles ont aussi une plus grande tolérance à la souffrance, que l'on pourrait plus précisément expliquer par une plus faible tendance à manifester leur gêne.

Elles taisent beaucoup de choses, les gardent pour elles de peur d'être jugées. Elles sont plus flexibles et plus souples, là où les garçons atypiques sont plus tranchés dans leurs singularités. Le côté « facile à vivre » des filles est en quelque sorte le coup de grâce qu'elles s'auto-infligent. Elles s'enlisent dans des comportements qui les fragilisent, et vient un moment où elles implosent. Elles ne peuvent plus donner le change, et leurs proches n'en reviennent pas : ils découvrent du jour au lendemain que cette jeune fille si intégrée, si épanouie ne va pas bien parce qu'elle se sent à l'étroit dans ce déguisement.

> Attention au camouflage, il finira par épuiser...

Des filles atypiques moins visibles médiatiquement

Non seulement le sexe dit « fort » est bien plus diagnostiqué dans les particularités qui forment la population dont il est question dans ce livre, plus représenté dans les associations, plus présent dans les cabinets de psy comme dans les écoles qui se veulent spécialisées dans la prise en charge de ces enfants hors norme, mais si on se montre attentif, un constat s'impose : l'atypie est presque toujours illustrée publiquement par des portraits masculins ! La raison est double : les filles sont moins repérées (elles-mêmes ignorent qu'elles sont atypiques) et lorsqu'elles le sont, elles acceptent moins de s'exposer, redoutant les regards critiques.

De même, les personnages atypiques apparaissant dans les romans, les séries ou les films sont très rarement féminins. Ainsi, il est bien compliqué pour les petites et les jeunes atypiques de s'identifier à des héroïnes qui arborent fièrement des différences faisant écho à leur propre manière d'être... puisqu'elles n'existent quasiment pas. Elles grandissent par conséquence avec un fort sentiment d'anormalité et d'usurpation d'identité qu'elles garderont en elles.

Les filles, des grandes anxieuses

Les résultats des innombrables études menées sur ce thème sont constants : les femmes sont en moyenne deux fois plus sujettes à l'**anxiété** que les hommes. Mais alors sont-elles génétiquement programmées pour être plus nerveuses ou faut-il y voir principalement un déterminisme social ?

Certains travaux suggèrent que les différences hormonales entre les sexes peuvent expliquer cette constatation. Une étude menée sur des rats par une équipe de la Florida State University a révélé que les plus hauts niveaux de testostérone des mâles semblent leur garantir de plus grandes facultés d'amortissement du stress que les femelles.

Dans la sphère de l'atypisme, je crois que l'on peut s'interroger sur les conséquences d'une moindre identification, d'une plus faible reconnaissance de leurs différences. Un garçon qui est reconnu dans ses besoins particuliers liés à ce fonctionnement neurologique et/ou cognitif hors norme peut exprimer impunément qui il est. Une fille qui n'a pas eu la chance d'obtenir cette validation est dans le doute, pareille à un funambule qui avance délicatement en équilibre sur un fil tendu, redoutant de basculer dans le vide à tout instant.

« À 5 ans, j'avais peur de mourir ; à 8 ans, j'avais peur de vieillir ; à 10 ans, j'avais peur que les membres de ma famille meurent. J'étais une gamine très anxieuse, j'avais peur des monstres, il fallait que je dorme avec ma grande sœur, avec ma mère. Et ça ne m'a jamais quittée. »

(Florence Foresti)[18]

18 Extrait du documentaire *La Folle Histoire de Florence Foresti.*

QUIZ

MA FILLE ATYPIQUE EST-ELLE ANXIEUSE ?

Choisissez la réponse correspondant le plus à votre fille pour chacune des situations suivantes.

1. Si elle n'a pas assez de temps pour tout terminer dans un contrôle :

A. Elle ne s'inquiète pas, tranquille Emile.

B. Bah tant pis. Elle est déjà passée à autre chose.

C. Son stress la submerge, elle en est malade.

2. Aussitôt qu'elle a achevé une tâche :

A. Elle se dit : « Cool, une bonne chose de faite. »

B. Elle se sentait déjà presque en vacances avant, alors...

C. Elle commence à penser dans les moindres détails à la suite de sa liste.

3. On peut dire qu'il lui est :

A. Facile de chasser des pensées inquiétantes.

B. Impossible de s'en faire tant que le Wifi est fonctionnel.

C. Impossible de trouver le sommeil si quelque chose l'inquiète.

4. Lorsqu'elle entend « Calme-toi » :

A. Elle se dit qu'elle a dû faire quelque chose... mais quoi ?

B. Elle regarde partout autour d'elle, en se demandant à qui ça s'adresse.

C. Sa réaction émotionnelle bondit comme Tigrou et elle perd tous ses moyens.

5. Quand se profile un exposé à faire en public :

A. Elle prépare juste ce qu'il faut.

B. Pas besoin de bosser, sa prestance fera tout le boulot !

C. Elle est sujette aux crampes et maux de ventre. C'est bien simple : elle donne l'impression de se désintégrer à mesure que l'échéance approche.

6. Dans l'intimité familiale :

A. Elle est du genre autonome et se confie peu.

B. Elle est joyeuse et aime surtout les distractions légères.

C. Elle a un éternel besoin d'être rassurée, sans quoi ses peurs envahissent son quotidien.

RÉSULTATS

Elle obtient une majorité de A : l'anxiété ne semble pas excessive chez elle. Votre fille a l'air d'être consciencieuse sans virer obsessionnelle.

Elle obtient une majorité de B : elle n'a pas le profil d'une angoissée de la vie qu'elle croque à pleines dents.

Elle obtient une majorité de C : votre fille a tout l'air d'une atypique anxieuse +++, mais ne vous en faites pas, on peut vivre heureuse avec ça.

Des particularités plus discrètes

Les filles atypiques présentent bien souvent des particularités moins flagrantes que leurs homologues garçons. Elles ont passé des années à masquer habilement les manifestations de leur atypie, à prétexter d'autres causes à leurs originalités, à mettre en sourdine leurs émotions.

Prendre sur elles devient leur quotidien à mesure qu'elles grandissent. Cela donne des stéréotypies motrices (balancements, *flapping*, mordillements, tics, TOCs, tortillage de cheveux) qui restent discrètes, ou qui sont réalisées en cachette, ainsi que des stéréotypies verbales (tournures itératives, écholalies) très mesurées. Elles ont appris à opter pour des intérêts spécifiques relativement communs ou bien acceptés venant d'une fille, des obsessions qui ne les trahiront pas et qui ne seront d'ailleurs que rarement identifiées comme telles par les gens qui les voient grandir.

LE POINT DE VUE DE...

Jonas, papa de Cassandre, 14 ans

Avant d'arriver à comprendre ce qui se passait avec Cassandre, mon ex-femme et moi avons été ballotés durant des années. La fameuse errance diagnostique, on l'a vécue de l'intérieur. Personne ne voulait se mouiller : après chaque test, on nous sortait que c'était tendancieux. Cela nourrissait en elle un sentiment de doute permanent, déjà préexistant, et qui l'amenait à se sentir illégitime en tous lieux et tous domaines. Elle oscillait entre une volonté d'en mettre plein la vue en étant la plus parfaite et la plus lisse possible, et une grosse tendance à se torpiller toute seule. Quel soulagement cela a été pour elle comme pour nous quand nous avons finalement obtenu les réponses tant attendues. C'était important pour elle que ça aboutisse, et qu'elle ne reste pas un « cas mystère » inclassable. Ça lui a permis de s'apaiser et de se pardonner, d'enfin vivre en adéquation avec elle-même.

Une rareté à l'intérieur d'une minorité ?

C'est la question à un million d'euros : les filles atypiques sont-elles si peu nombreuses ? Pour ma part, je dirais que ce n'est pas parce qu'on les met moins en évidence et qu'on les remarque moins qu'elles n'existent pas ! Il faut souligner que dans certaines formes d'atypies, les modèles pour les praticiens sont depuis des décennies très masculins. Cela a inéluctablement une incidence sur les identifications.

Que l'on soit parent, enseignant, psychologue ou autre, lorsqu'on s'attend à voir un garçon présentant des traits dépeints avec force au fil des années, et qu'on se retrouve face à une fille ambivalente, on est mis en porte-à-faux. C'est tout aussi valable dans le sens contraire : quand on pressent des comportements intrigants sur une fille mais que partout où l'on se renseigne les descriptions font référence à des profils masculins, on se dit qu'on est sur une mauvaise piste.

METTRE À PROFIT LES QUALITÉS DES ATYPIQUES

Une soif de justice intense

D'un Z qui veut dire **Zorro**… Le sens aigu de la justice, tout comme la conscience aiguisée et douloureuse de l'injustice, sont criants chez les enfants atypiques. Cela peut les conduire à se mettre en situation indélicate pour voler au secours d'une victime, qui quelquefois n'en demandait pas tant. Ces enfants ont parfois bien du mal à instaurer une frontière entre eux et la malheureuse victime. Il s'agit par intermittence d'une sympathie (qui implique une fusion avec l'état émotionnel de l'autre).

Mais que cela soit l'expression d'une empathie démentielle ou d'une sympathie invraisemblable, il faut reconnaître à la plupart de ces enfants un talent inné pour s'interposer et prendre la défense des autres. C'est une qualité précieuse. Ne pas accepter de rester impuissant et silencieux face à la souffrance et au malheur d'autrui est autant un atout pour l'enfant atypique que pour notre société de demain.

> Il y a tout intérêt à développer ce sens de la justice qui vibre au plus profond des atypiques.

Creuser un sujet à fond

Quand une question turlupine un jeune atypique, ça le remonte comme un coucou. Ce sont des enfants qui ne peuvent se contenter d'une vague réponse, ils sont enclins à tout lire, tout consulter, tout comparer et tout recouper pour se faire un avis éclairé qui ne laissera pas de place à l'à-peu-près. Ils ont ainsi toutes les qualités requises pour enquêter sérieusement sur un sujet : ils font preuve d'une **clairvoyance** sans égale, d'un **sens critique** étonnant, d'une **curiosité** intellectuelle sans borne et d'une capacité de **concentration** exceptionnelle – quand le thème les stimule et les titille. Ce sont des qualités remarquables dans un monde où les informations sont de plus en plus nombreuses, données pêle-mêle dans le tas de *fake news* et autres saletés à trier.

BON À SAVOIR

AVEZ-VOUS LE *FLOW* ?

Le *flow* est un état maximal de concentration mis en évidence par le psychologue hongrois Mihály Csíkszentmihályi. Cette immersion absolue dans une activité qui capte toute l'attention peut durer des heures, par une distorsion perceptive du temps.

Cet état mental d'hyperconcentration s'applique à toutes formes de choses, dès lors qu'il y a une hyperfocalisation qui se met en branle : que ce soit faire une recherche, jouer à un jeu vidéo, construire une maquette, pratiquer d'un sport, etc. Il occasionne une déconnexion complète de la réalité, faisant perdre l'envie de manger, de dormir, d'aller aux toilettes, et ne conservant que la notion de dépassement de soi, de transcendance.

EXERCICE

VOIR LE MONDE SOUS UN ANGLE DIFFÉRENT

Adultes comme enfants, les êtres humains ont du mal à vivre au quotidien le principe de pluralité des opinions. Voilà un exercice pratique qui va permettre à votre atypique de mesurer combien tout est affaire de point de vue.

Demandez à votre enfant de choisir une pièce dans laquelle pratiquer cet exercice. Ensuite, donnez-lui les indications suivantes :

- Installe-toi allongé sur le dos, face au plafond.
- Renverse la tête de façon à avoir le menton qui pointe le plus possible vers le plafond.
- Imagine marcher tête en bas dans cette pièce, comme si tu tenais au plafond, aidé de centaines de pelotes collantes faisant ventouses, comme en ont les mouches.
- Observe.

Lorsque la pièce est renversée (enfin, lorsque nous explorons la pièce en nous mettant en position de la voir autrement), nous redécouvrons tout. Parce que notre cerveau n'a plus les mêmes repères, il opère en quelque sorte une réinitialisation.

Cela peut se rapprocher de la sensation que nous avons tous connu étant élève de se surprendre à trouver la salle de classe très différente en allant au tableau pour la première fois. Le point de vue depuis notre place n'avait rien à voir avec celui que l'on a eu depuis celle du professeur. Il s'agit pourtant de la même salle, disposée de la même manière. Mais on ne la reconnaît plus, on la pense plus spacieuse, agencée autrement.

Cette technique pour se remémorer que tout est fonction de l'angle sous lequel on aborde un problème pourra être très utile à votre atypique. Une piqûre de rappel occasionnellement nécessaire pour appeler à la tempérance dans une dispute : à chacun sa vision des choses. Et toutes peuvent être valables.

Une capacité de résilience phénoménale

En psychologie, le concept de **résilience** a été découvert en 1982 par la docteure en psychologie de l'enfance Emmy Werner. Elle a mené une étude durant une quarantaine d'années portant sur près de sept cents enfants de groupes ethniques variés et provenant surtout de milieux défavorisés d'une île de l'archipel d'Hawaï.

Observant l'évolution de ces individus depuis leur naissance, elle s'était au départ intéressée à ceux ayant une forme de handicap ou manifestant un comportement atypique au plan social. Emmy Werner a remarqué que certains enfants étaient pourvus d'une capacité particulière à surmonter les misères de la vie et à parvenir à s'en sortir, là où l'on imaginait qu'ils sombreraient. La chercheuse fit deux constats :

- la plupart des jeunes suivis étaient compétents à résoudre par eux-mêmes leurs problèmes ;
- 28 % d'entre eux sortaient indemnes d'expériences de vie particulièrement traumatiques et développaient, contre toute attente des personnalités parfaitement saines et stables, fondant une famille équilibrée et devenant un parent attentif.

Elle appela ces enfants des « résilients ». Les atypiques le sont tout particulièrement.

> « La résilience est la capacité d'une personne à reprendre seule un bon développement en dépit d'événements déstabilisants, de conditions de vie difficiles, de traumatismes parfois sévères, sans retour à l'état initial. »

Cette capacité de bien des atypiques à encaisser ce qui peut paraître insupportable à d'autres, à se relever après un échec cuisant au lieu d'être terrassés, à rebondir et avancer même quand tout semble perdu, épate et force l'admiration. Ils parviennent à s'extirper seuls de situations horrifiques, à se tirer vers le haut sans aide extérieure là où on s'attendrait à ce qu'ils s'effondrent, à conjurer le sort quand rien ne les prédestine à étinceler.

UNE GRANDE FORCE DE CARACTÈRE

Non, ce n'est pas incompatible, au contraire ! La population qui fait les atypiques est habituée à « l'effet cocktail ». Leurs particularités propres, leurs points forts comme ce qui pourrait être regardé comme leurs faiblesses se mélangent et s'additionnent pour donner un charisme du tonnerre. Car la somme des traits qui composent ce cocktail est bien plus riche et savoureuse que chaque élément pris de façon indépendante.

Je crois que dans la catégorie des superlatifs, beaucoup peuvent s'appliquer aux atypiques. Ce qu'ils peuvent l'entendre cette rengaine « *Tu es trop...* », suivi d'un adjectif, au choix. Trop sérieux, trop lucide, trop intuitif, trop sensible, trop immature, trop intello, trop dissipé, trop compliqué, trop obsessionnel, trop agité, trop extrême, trop méfiant, etc. Tout et son contraire, puisque souvent les mêmes personnes vont également leur reprocher de n'être « Pas assez... ». Entre les *trop* et les *pas assez*, mon cœur tangue et chavire. Ils vivent chaque petit moment du quotidien comme une expérience intense et éprouvante de par la force exceptionnelle du signal qu'ils reçoivent. Ils perçoivent trop, ressentent trop et se rappellent trop.

BON À SAVOIR

LA THÉORIE DU MONDE INTENSE

La « théorie du monde intense », née des travaux des neuroscientifiques Kamila et Henry Markram, avance que, contrairement à ce qui a longtemps été envisagé, les personnes autistes ont un cerveau hyperfonctionnel. La conséquence, chez ces atypiques, est d'apporter un trop-plein d'informations qu'ils ne parviennent pas (ou mal) à gérer.

NE PAS SE CROIRE INAPTE AU BONHEUR

Mais alors, les atypiques doivent être suivis toute leur vie pour aller bien ? Non, bien sûr que non ! Dans une optique de **neurodiversité**, quel que soit le type de différence qui est derrière, être atypique n'interdit rien et n'a pas à être vu comme une affection. S'entendre dire qu'on est *space* ou que quelque chose ne tourne pas rond n'aide pas à se sentir autorisé à vivre heureux. Même sur le ton de la plaisanterie, il en reste toujours des traces. Parfois, les atypiques se pensent poursuivis par une terrible infortune qui les empêche de voir leurs décalages comme une richesse.

> « Bizarroïde c'est ce qu'il y a de mieux ! [...]
> La vérité c'est qu'aucune personne normale n'a jamais rien accompli de marquant dans ce monde. »
> *(Jonathan Byers à son petit frère Will[19])*

19 Personnages fictifs de la série *Stranger Things*, saison deux.

EXERCICE

NON, TU N'ES PAS NUL

C'est un sentiment partagé par nombre d'enfants hors norme, conscients de leurs différences, mais vécues comme un déficit, une incapacité. Votre mission, si vous l'acceptez : faire changer le regard de votre atypique sur ses capacités à réussir.

Instaurez un temps d'échanges chaque soir, pendant le dîner par exemple (l'idéal étant de jouer le jeu en famille), autour de trois axes mettant en valeur les activités qui se sont déroulées au cours de la journée. Avec une règle simple : seules les choses positives et qui apportent satisfaction peuvent être évoquées ! Ce n'est pas un temps pour se plaindre ou pour pester.

À tour de rôle, chaque membre de la famille va :

- **rapporter une réussite** (modeste, personnelle, scolaire, sociale, etc., du moment que c'est positif et valorisant). N'hésitez pas à féliciter votre enfant quand son tour vient et qu'il fait état de la réussite dont il a choisi de parler ;
- **résumer une envie, un projet à court terme** (ici encore, cela peut être à tous niveaux, mais en restant réaliste : on parle d'un vrai but, pas d'une chose pour plaisanter). N'émettez aucune critique, aucun bémol… même dans l'hypothèse où le projet ne vous enchante pas ! L'idée est de booster son désir d'entreprendre ;
- **parler d'un talent** (celui de porter secours aux autres, de paramétrer l'ordinateur de mamie, de déchiffrer rapidement une partition, etc.). Ne soyez pas avare en encouragements, il n'en recevra jamais assez.

Bonheur et réussite…

Si on prend dix personnes au hasard, l'évocation de la *réussite* n'appellera jamais les mêmes descriptions. Chacun se fait son idée de la réussite, selon son parcours, ses aspirations, ses critères, selon le milieu d'où il vient et celui dans lequel il voudrait voir évoluer son enfant. Cela contraste avec l'émergence d'une représentation académique unique, très classique et impliquant une scolarité linéaire, sanctionnée par un diplôme. On peut devenir un adulte atypique épanoui et heureux sans avoir fait de classe prépa ou sortir de Sciences Po. Les lignes ont commencé à bouger avec la démocratisation d'Internet, et la France se met peu à peu aux formations en ligne ouvertes à tous (les MOOCs), aux cours universitaires à distance. Les jeunes atypiques qui ne sont pas très heureux dans le circuit traditionnel ou veulent(ré) étudier seuls peuvent le faire.

> « Le bonheur et la réussite peuvent prendre des chemins de traverse. »

Le point de vue de…

Amandine, 52 ans

J'ai compris sur le tard que j'étais atypique, au détour d'une lecture, j'ai eu une révélation. Si j'ai mis un peu de temps à digérer tout ça, je me suis dit que la vie était trop courte pour ne pas suivre les signes qui m'étaient envoyés. J'ai choisi de reprendre des études pour faire ce que je n'avais pas osé à l'époque, par manque de confiance en moi.

Les autres chemins de l'école

On n'est pas forcé d'être scolarisé comme tout le monde pour être instruit. L'Instruction en famille (l'IEF) peut représenter une alternative intéressante pour certains atypiques, mais assurément pas pour tous. Il faut garder à l'esprit que chaque enfant fonctionne différemment, plus encore quand on parle de population atypique qui s'écarte des sentiers battus sur un ou plusieurs points. Ainsi, l'école à la maison pourra ravir certains atypiques, et en écœurer d'autres.

De même, certaines écoles spécialisées proposent d'accueillir des enfants intellectuellement précoces et des atypiques de tous poils. Sur la forme, ce n'est pas à la portée de toutes les bourses, parce qu'il s'agit dans presque tous les cas d'établissements privés hors contrat. Sur le fond, là non plus, aucune solution toute faite. Chaque situation verra d'un côté un enfant avec sa famille, de l'autre une équipe avec ses enseignants. Personne ne peut prévoir à l'avance comment se passera la rencontre entre ces deux mondes.

Laissez-lui le temps !

Pour se réaliser, il faut que le jeune atypique ait trouvé sa voie, sa passion, le domaine qui l'attire et dans lequel il veuille briller. Mais il faut aussi laisser du temps au temps ! Les neurosciences nous apprennent que les connexions du cerveau ne sont pas achevées avant 25 ans environ. Jusqu'à cet âge l'enfant standard, et ensuite le grand ado, est un être en développement. Il faut par conséquent accepter les tâtonnements et ne pas exiger d'un enfant atypique, qui plus est, qu'il soit *terminé* à 18 ans, ni lui en faire le reproche quand ça n'est pas le cas. Si notre société a fixé arbitrairement cet âge comme étant celui du début de la capacité et de la responsabilité (l'âge à partir duquel on peut voter, passer son permis de conduire, boire de l'alcool diffère selon les pays et les cultures), la réalité cérébrale est tout autre. Et ce n'est pas être un parent surprotecteur ou une mère poule que d'en avoir conscience.

« Je sais que tu peux ! »

Permettons à nos jeunes atypiques de grandir à leur rythme, même s'ils prennent un peu plus leur temps que d'autres. Ne doutons jamais qu'ils y arrivent, et assurons-leur que l'on a foi en eux. Ne les brusquons pas, ils n'auront qu'une enfance. Autant qu'elle soit douce.

ACTIVITÉ

LA PYRAMIDE DE MASLOW

Pour s'accomplir, en tant qu'individu singulier et fier de l'être, il faut se connaître et comprendre pourquoi on n'est pas toujours en position de tout réussir en toutes circonstances.

Le psychologue américain Abraham Maslow a énormément travaillé sur les questions liées aux motivations dites supérieures des êtres humains dans leur hiérarchie d'accomplissement de soi. Il les a présentées sous forme de pyramide, composée de cinq niveaux (à lire du bas vers le haut) :

- à la base (niveau 1), les besoins physiologiques tels que manger, boire, dormir ;
- en position deux, les besoins de sécurité tels que la sécurité de l'enfant, du soutien, de la stabilité ;
- en position trois, les besoins d'appartenance tels que les liens sociaux, l'amitié ;
- en position quatre, les besoins d'estime de soi tels que la reconnaissance, le respect, le sentiment d'utilité ;
- au sommet de la hiérarchie (niveau 5), le besoin de réalisation de soi, qui permet d'exprimer pleinement son potentiel.

On peut imaginer devoir verser un liquide par le haut dans cette pyramide, pour constater que le niveau 5 ne sera rempli qu'en dernier lieu, quand les quatre divisions précédentes seront comblées.

Munissez-vous de la pyramide vierge (située dans les feuilles détachables en fin d'ouvrage) et complétez avec votre enfant les cinq étages par des exemples concrets et précis qu'il connaît dans sa vie. Par exemple, pour le niveau 3, il peut citer les membres de la famille proche ou ses amis les plus fidèles ; pour le niveau 4, il peut indiquer quelles sont les activités dans lesquelles il se sent utile, etc.

Cette pyramide va permettre à votre enfant de relativiser un échec et de visualiser ce qui va concourir à la réussite. Elle permet également de prendre du recul sur les situations. Par exemple, quand il a l'impression que plus rien ne va, il peut se raccrocher à ce qu'il a indiqué dans le tableau.

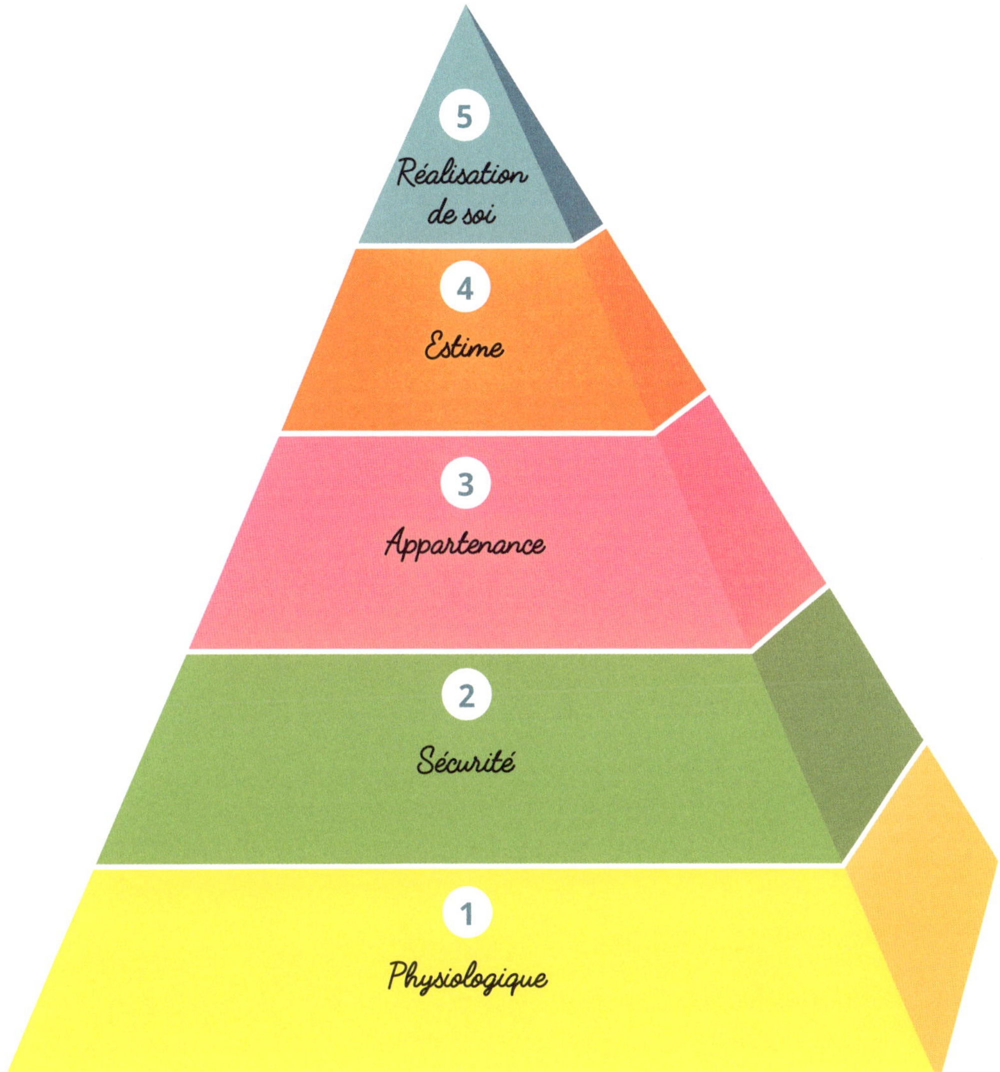
5
Réalisation de soi
4
Estime
3
Appartenance
2
Sécurité
1
Physiologique

Conclusion

> Les enfants ont tout, sauf ce qu'on leur enlève.
> (Jacques Prévert)

La plupart des atypiques, lorsqu'ils sont enfants, ne veulent pas se démarquer. S'ils avaient le choix, beaucoup aimeraient passer inaperçus. Ils troqueraient bien volontiers leur hypersensibilité, leur hyperréactivité, leur hypermaturité, leur hyperémotivité, leur hyperesthésie, leur hyperactivité, leur hypervigilance, leur hyperfocalisation contre du *tout normal*.

Mais la vie n'est pas un essayage de vêtements, on ne choisit pas ce que l'on va porter. Et c'est tant mieux.

C'est toute la beauté du voyage : apprendre à s'aimer, à être heureux d'être soi et de ne ressembler à aucun autre.

> De la différence naît la richesse !

Table des outils pratiques

Table des activités

Ressources

TDA/H

Hébert Ariane, *Le TDA/H raconté aux enfants*, Mortagne, 2016

Revol Olivier, *On se calme! Mieux vivre l'hyperactivité*, J'ai lu, 2014

HAUT POTENTIEL INTELLECTUEL

Adda Arielle, *Le Livre de l'enfant doué*, Solar, 2008

De Kermadec Monique, *L'Enfant précoce aujourd'hui*, Albin Michel, 2015

Kieboom Tessa, *Accompagner l'enfant surdoué*, De Boeck, 2011

Parzyjagla Charlotte, *Les enfants surdoués 100 questions/réponses*, Ellipses, 2017

Poulin Roberta, Perrodin Doris et Revol Olivier, *100 idées pour accompagner les enfants à haut potentiel*, Tom Pousse, 2015

Régnier Sylvie et Courcy Nathalie, *Zoé douée. Regards d'enfants sur le haut potentiel intellectuel*, 4 ½, 2016

Reynaud Alexandra, *Les Tribulations d'un petit zèbre*, Eyrolles, 2016

Sebire Gabrielle et Stanilewicz Cécile, *Avec lui c'est compliqué !*, Eyrolles, 2018

Terrassier Jean-Charles, *Les Enfants surdoués ou La Précocité embarrassante*, ESF, 2018

Wahl Gabriel, *Que sais-je ? Les Enfants intellectuellement précoces*, PUF, 2017

DYS

Pouhet Alain, *Questions sur les Dys-: des réponses*, Tom Pousse, 2016

SYNDROME D'ASPERGER

Grand Claire, *Toi qu'on dit autiste. Le Syndrome d'Asperger expliqué aux enfants*, L'Harmattan, 2012

Reynaud Alexandra, *Asperger et fière de l'être*, Eyrolles, 2017

ÉMOTIONS ET COMMUNICATION

Couturier Stéphanie, *Aidez votre enfant à gérer ses colères*, Marabout, 2017

Faber Adele et Mazlish Elaine, *Bastien et les Blipoux*, Phare, 2014

Kleindienst Anne-Claire et Corazza Lynda, *Petit décodeur illustré de l'enfant en crise*, Mango, 2017

RELAXATION

Choque Jacques, *Concentration et relaxation pour les enfants*, Albin Michel, 2016

Snel Eline, *Calme et attentif comme une grenouille,* Les Arènes, 2017

ÉDUCATION POSITIVE

Klein Christine, *Mon p'tit cahier éducation positive*, Solar, 2018

Maciejak Véronique, *1,2,3, je me mets à l'éducation positive*, Eyrolles, 2017

CONFIANCE EN SOI

Camborde Mélanie, *Oui, tu peux y arriver!,* L'Harmattan, 2015

Collectif, *Les cahiers Filliozat: la confiance en soi*, Nathan, 2017

FILLES/GARÇONS

Perrodin Doris, *Et si elle était surdouée?*, SZH/CSPS, 2015

Vidal Catherine, *Nos Cerveaux, tous pareils tous différents!,* Belin, 2015

À L'ÉCOLE

Alvarez Céline, *Les Lois naturelles de l'enfant*, Les Arènes, 2016

Autain-Pléros Elsa, *Je suis précoce. Mes profs vont bien,* Chronique sociale, 2013

Collectif, *École, quand la phobie prend le dessus*, Josette Lyon, 2016

Lachaux Jean-Philippe, *Les Petites Bulles de l'attention*, Odile Jacob, 2016

Pailleau Isabelle et Akoun Audrey, *Apprendre autrement avec la pédagogie positive*, Eyrolles, 2013

Siaud-Facchin Jeanne, *Mais qu'est-ce qui l'empêche de réussir?,* Odile Jacob, 2015

HARCÈLEMENT

Fraisse Nora, *Stop au harcèlement. Le Guide pour combattre les violences à l'école et sur les réseaux sociaux*, Calmann-Lévy, 2015

Piquet Emmanuelle, *Je me défends du harcèlement*, Albin Michel, 2016

ROMANS JEUNESSE

Palacio RJ, *Wonder*, Pocket Jeunesse, 2014

Perrier Pascale, *Q.I. 142 et alors?,* Oskar, 2016

L'ÉMOTIOMÈTRE

ÉCHELLE DE LA GÊNE OU DE LA DOULEUR

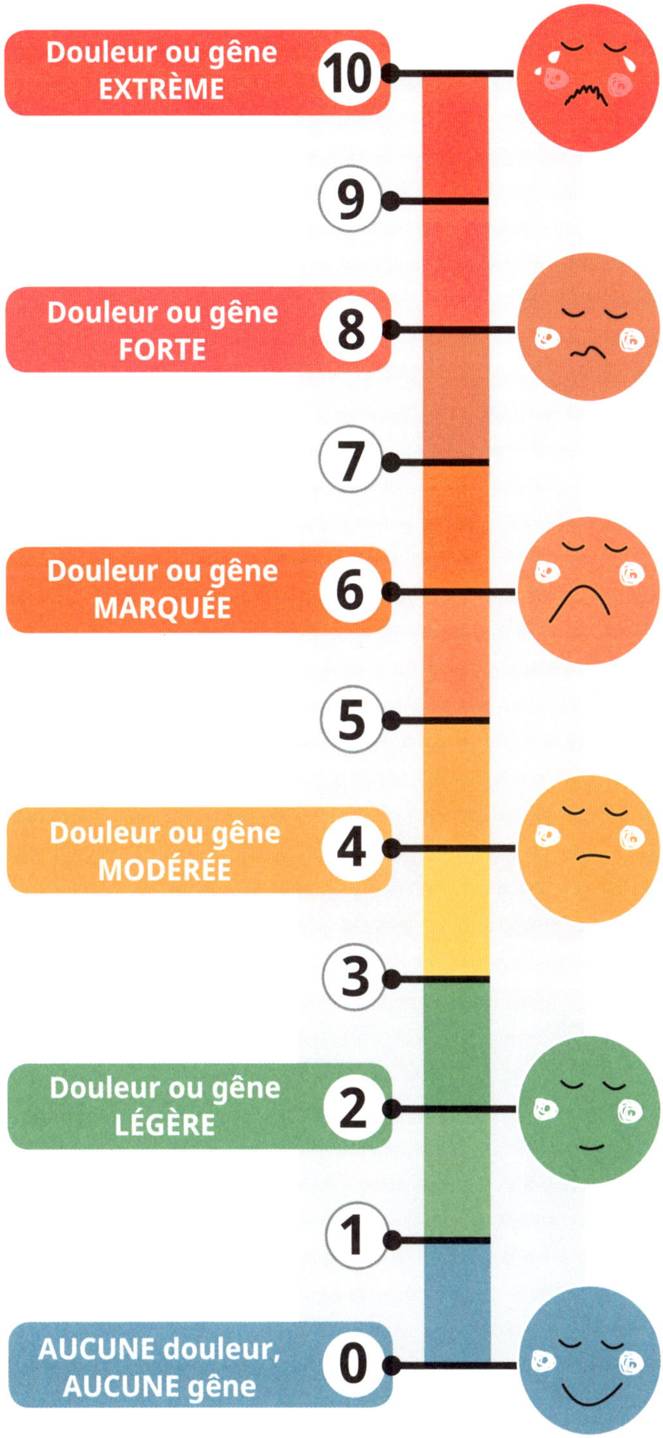

LA PERSÉVÉRANCE

Ce que les gens voient

Ce que les gens ne voient pas

BONS DE COLÈRES

BON POUR UNE COLÈRE	Bon pour une colère
BON POUR UNE COLÈRE	BON POUR UNE COLÈRE
Bon pour une colère	BON POUR UNE COLÈRE
BON POUR UNE COLÈRE	Bon pour une colère
Bon pour une colère	BON POUR UNE COLÈRE
Bon pour une colère	Bon pour une colere
BON POUR UNE COLÈRE	BON POUR UNE COLÈRE

PYRAMIDE DE MASLOW

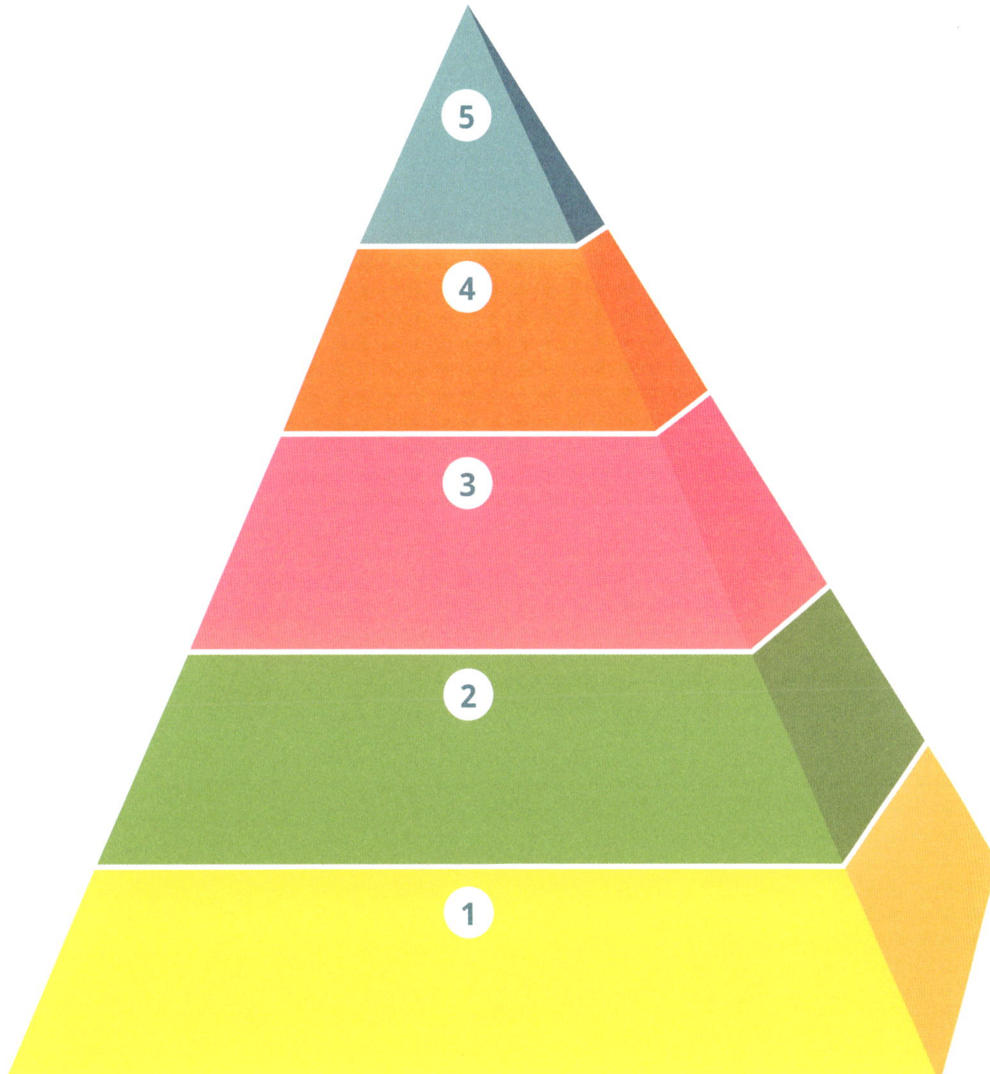

LES ERREURS
SONT LA PREUVE
QUE TU ESSAIES

FSC
www.fsc.org
MIX
Paper from
responsible sources
FSC® C112556

Dépôt légal : mai 2018
Achevé d'imprimer en UE